零距离上岗 高职高专财

基础会计模拟实训教程

（第3版）

王满亭 主编

Foundation Accounting Simulate Practice Tutorial

電子工業出版社
Publishing House of Electronics Industry
北京 · BEIJING

内 容 简 介

本书是根据教育部《高职高专教育基础课程教学基本要求》和《高职高专教育专业人才培养目标及规格》编写的。本书根据会计工作的实际流程并结合基础会计理论教学过程，设计了六项会计实训模块，即设置账户实训、应用原始凭证实训、应用记账凭证实训、应用会计账簿实训、编制会计报表实训和基础会计综合实训。前五项实训模块以基础会计基本理论、基本操作技能为实训内容，突出了对学生会计基本操作技术和能力的培养；第六项模块有利于学生将各分模块实训所掌握的知识与技能融会贯通，进一步提高其综合能力。为了突出原始凭证的真实性，本书部分章节采用单面印刷的形式，学生可以将原始凭证剪下来，附在记账凭证的背面，方便审核凭证。

本书是高职高专财会专业系列规划教材之一，但由于本书所具有的特色及“任务引领”型职教教材的编写模式和规范会计操作方法的介绍，使本书也可作为从事会计、财务管理工作等人员理想的自学读物和在职会计人员规范会计操作的指导用书。

书中出现的人名、单位名称和各种印鉴、票据等资料，都是作者根据教学与实践相结合的需要，依会计业务基本内容而精心设计的仿真资料，与任何人或单位无关。

图书在版编目（CIP）数据

基础会计模拟实训教程 / 王满亭主编. —3 版. —北京：电子工业出版社，2016.1
（零距离上岗）
高职高专财会专业系列规划教材
ISBN 978-7-121-27820-4

Ⅰ. ①基… Ⅱ. ①王… Ⅲ. ①会计学－高等职业教育－教材 Ⅳ. ①F230

中国版本图书馆 CIP 数据核字(2015)第 300416 号

责任编辑：杨洪军
印　　刷：北京捷迅佳彩印刷有限公司
装　　订：北京捷迅佳彩印刷有限公司
出版发行：电子工业出版社
　　　　　北京市海淀区万寿路 173 信箱　邮编 100036
开　　本：787×1092　1/16　印张：15　字数：336 千字
版　　次：2008 年 1 月第 1 版
　　　　　2016 年 1 月第 3 版
印　　次：2022 年 8 月第 6 次印刷
定　　价：35.00 元

凡所购买电子工业出版社图书有缺损问题，请向购买书店调换。若书店售缺，请与本社发行部联系，联系及邮购电话：（010）88254888。
质量投诉请发邮件至 zlts@phei.com.cn，盗版侵权举报请发邮件至 dbqq@phei.com.cn。
服务热线：（010）88258888。

高职高专财会专业系列
规划教材编委会

出版说明

作为现代高等教育的重要组成部分，高职高专教育可说是与经济建设、劳动就业联系最紧密、最直接的。它承担着为高新技术转化、传统产业升级提供智力支持的重任，承担着提高劳动者的就业能力和创业能力、促进劳动就业的责任。近年来，我国高职高专教育有了很大的发展，为生产、管理、服务第一线培养了大批技术型、应用型专门人才，为我国经济发展和社会进步起到了重要的推动作用。

高职高专教育以培养高技能人才作为教学目标，因此，与普通本科教育相比，有自己鲜明的特点：①理论知识以“必需、够用”为度；②以市场需求为目标，以培养实际操作能力为核心；③实践教学在教学计划中占较大比重，注重学生职业能力的培养，实现“零距离上岗”，即学生毕业进入企业后，不再需要专门的上岗培训，直接就可以上岗，从而实现人才培养与上岗就业的零距离。

为了真正实现高职高专教育与上岗就业零距离的目标，许多高职高专院校正在进行逐步的教学改革，改革方案里提出要适当规模地控制基础理论课程教学的深度与广度，加强校内模拟实训室和校外实习基地建设，强化技能培训，熟悉岗位要求，增强学生择业就业能力，增加学生的就业机会。

教学改革，教材先行。为了推动我国高职高专教育教学改革向“以培养职业能力为中心，理论和实践并重”的方向发展，在国家教育部的指导下，电子工业出版社在全国范围内组织并成立了“全国高职高专教学研究与教材出版编委会”（以下简称“教学研究与教材出版编委会”），旨在研究高职高专教学目标、教学规律，以及与教学改革配套的教材建设，规划教材出版工作。教学研究与教材出版编委会的成员单位皆为教学改革成效较大、办学特色鲜明、办学实力强的普通高校、高等专科学校、高等职业学校、成人高等学校及本科院校主办的二级职业技术学院，而教材的编者和审定者则均来自从事高职高专和成人高等教育教学与研究工作第一线的优秀教师和专家。

教学研究与教材出版编委会根据《教育部关于加强高职高专教育人才培养工作的意见》的文件精神，以及上岗就业零距离的教学目标，规划了这套“零距离上岗·高职高专系列规划教材”，力求能够反映高职高专课程和教学内容体系改革方向，按照突出应用性、实践性的原则重组系列教材结构；力求教材能够反映当前教学的新内容，突出基础理论知识的应用和实践技能的培养。教材中的基础理论以必需、够用为度，强调应用知识点的教学，在专业课程教材的内容设计上加强针对性和实用性；教材内容尽量体现新知识、新技术、新工艺、新方法，以利于学生综合素质的形成和科学思维方式、创新能力的培养，同时注重实训和实习环节，以提高学生的操作技能及与实际岗位的对接。规划教材覆盖了人力资源管理、财务会计、国际经济与贸易（国际商务）、物流管理、市场营销、金融保险、工程造价、商务英语、旅游管理等专业的基础课程和专业主干课程。这些教材全部按教育部制定的《高职高专教育基础课程教学基本要求》编写，在此基础上，这些教材在形式上加以创新，加入一些实际案例以及延伸阅读等内容，方便学生课下学习，拓宽知识面；同时，将主要的专业核心课程设计成教材和模拟实训二合一教学包；此外，电子工业出版社华信教育资源网上还提供教学课件以及习题答案免费下载等增值服务。上述规划教材适合各类高等专科学校、高等职业学校、成人高等学校及本科院校主办的二级职业技术学院使用。

编写高职高专教材是一个新课题，希望全国高职高专和成人高等教育院校的师生在教学实践中积极提出意见与建议，并及时反馈给我们，以便我们对已出版的教材不断修订、完善，与大家共同探索我国高职高专教育的特点和发展道路，不断提高教材质量，完善教材体系，为社会奉献更多更新与高职高专教育配套的高质量的教材。

全国高职高专教学研究与教材出版编委会

前言

随着市场经济的发展和企业管理水平的不断提高，在社会对会计人员数量需求越来越大的同时，对从业会计人员的业务素质、业务能力和业务水平的要求也越来越高。现代企业对效率的追求，要求会计人员一上岗便能独立工作，这使得具备一定职业判断能力和动手能力的中高级会计人员成为备受企业欢迎的人才。因此，会计专业的学生在毕业后，必须能够以尽可能短的“磨合期”来适应会计工作岗位的要求，独立地开展与正确地完成会计业务工作。

《基础会计模拟实训教程》是为了适应新时期我国市场经济对高等经济管理类应用型人才的需求，实施教育部《21世纪高职高专教育专业教育人才培养模式和教学内容体系改革与建设项目计划》，落实教育部《关于制订高职高专教育专业教学计划的原则意见》，根据现代职业教育要求和社会实际需要，而开设的一门实践操作课程，是高等职业院校会计专业学习的一个重要组成部分。它将企业实际的经济业务、会计业务和会计操作过程导入课堂，使学生在会计理论学习之后，通过模拟实训，不仅可以进一步巩固所学的会计基本理论知识，看到会计核算基本原理与方法在会计实务中的具体运用，还可以切身体会会计实际的工作氛围和过程。在实际操作中，使学生开阔视野，增加对社会经济知识的了解和掌握，锻炼职业判断能力，掌握会计人员必备的动手操作能力，懂得实际会计工作中的要求，培养良好的职业习惯，为缩小会计专业在校学生与实际会计岗位的距离和成为高级应用型会计人才奠定基础。本书引导学生将理论运用于实践，不断提高学生分析问题和解决问题的综合能力。

本次修订，仍然针对高等职业技术教育和在校学生对社会经济知识缺乏感性认识的特点，注重教材内容的实用性、易操作性和可验证性等。本书分为3篇，第1篇总论；第2篇单项会计方法模拟实训；第3篇综合模拟实训。在结构上，每个实训内容均包括实训任务、实训目的、知识准备、实训资料与动手操作、操作结果展示或说明、课堂讨论与课后作业题六项内容。

本次修订，由东北财经大学职业技术学院王满亭副教授独立完成。因为不同原因，参与上一版编写的其他人员未参与本次修订，但仍然对他们的工作表示感谢。由于作者水平有限，书中难免有疏漏和不当之处，敬请读者批评指正。

编　者

目录

第 3 篇 综合模拟实训

第1篇 总论

基础会计模拟实训是以培养学生动手操作能力为目的的一门实践课程，是基础会计教学的重要构成部分。通过基础会计模拟实训的学习，既可强化对基础会计理论的理解与认识，又可看到会计核算基本原理与方法在会计实务中的具体运用，增强感性认识。了解和掌握实际工作中的经济业务知识，提高职业判断能力，具备会计人员必备的动手操作技能，懂得会计实际工作中的具体要求，为养成良好的职业习惯、缩小在校学生与实际会计岗位的距离、使学生成为离校即能独立上岗的应用型会计人材奠定坚实的基础。

1. 基础会计模拟实训的目的

追求效率日益成为企业管理中的一个重要方面，因此，会计专业的学生在毕业后必须能够以尽可能短的“磨合期”达到会计工作岗位的要求，独立开展会计业务工作。现代职业教育就是要使学生在走上实际工作岗位前，具备上岗所需要的职业实践技能。基础会计模拟实训的目的可概括为以下几个方面：

（1）理论联系实际，做到学以致用。通过实训，一方面强化对基础会计理论的理解与感性认识，提高学生对所学专业的兴趣；另一方面深入了解会计工作的实际内容，从总体上把握会计的工作过程。

（2）培养会计工作所需要的动手操作能力。通过实际动手操作，使学生能够熟悉会计实务中各个环节的工作内容，掌握各个工作环节的具体操作技能，基本具备从填制原始凭证直至编制会计报表的各环节动手操作能力。

（3）形成一定水平的职业判断能力和良好的职业习惯。做好会计工作，不但要有扎实的理论基础、较强的动手能力，还要有一定水平的职业判断能力和严谨的工作作风与工作态度。通过实训，可以比较广泛、感性地认识企业所发生的各种经济活动，进一步理解会计与企业经济活动的关系，从而形成一定水平的职业判断能力。在实训的动手操作中，学生也必会切身体会到，会计工作本身所需要的严谨的工作作风与工作态度，有助于养成良好的会计职业习惯。

2. 基础会计模拟实训的基本内容

基础会计模拟实训的内容包括基础会计单项模拟实训和综合模拟实训两部分。

（1）单项模拟实训。基础会计单项模拟实训的内容是结合《基础会计》教材进行设计的，按会计核算方法进行顺序安排，包括账户设置实训、原始凭证实训、记账凭证实训、会计账簿应用实训、编制会计报表实训。

（2）综合模拟实训。基础会计综合模拟实训是在单项实训的基础上，将单项实训的内容融会贯通，综合应用的操作过程，是模拟处理企业一个会计分期全过程及全部会计业务的操作实训。

3. 基础会计模拟实训的基本要求

会计实务工作是一个严谨、细致的工作过程。在模拟实训的过程中，应遵守以下基本要求：

（1）以“实战”的态度来对待实训。在实训操作中要认真写好每一个字、每一组数等，力争一次性完成，养成严谨、务实的工作作风和工作态度。

（2）认真阅读实训教材，明确实训任务与目的。对每一次实训，事先要认真阅读教材，包括实训任务、实训目的、实训要求、知识准备、实训资料等，以达到有的放矢的效果。严格按照有关要求和程序进行操作，如同在岗会计人员在履行其工作职责。

要在模拟实训中取得理想的效果，还要注意其他方面，如掌握会计基本理论和会计基本工作规范、认真钻研、及时总结实训经验和积极参与交流讨论等。

第2篇 单项会计方法模拟实训

单项会计方法模拟实训，是与基础会计理论、方法相匹配的分环节的会计实践技能实训，是依次按会计核算方法而展开实训过程的。首先从设置账户开始，以实训资料导出任务要求，再通过实际操作，理解设置账户的内在含义及账户产生的来龙去脉，建立账户与企业经济活动之间关系的概念，学会设置账户。然后根据实际发生的经济业务，填制、审核和解读原始凭证，即能够根据原始凭证掌握企业所发生的经济业务，形成职业判断能力；根据审核无误的原始凭证填制记账凭证，掌握记账凭证的种类和不同种类记账凭证的汇总方法和特点；再通过账簿应用的实训，掌握日记账的登记，总账和明细账账页格式选择、登记账簿及其错账的更正，培养动手操作能力与会计业处理能力；最后通过编制会计报表实训，形成一个完整的基础会计实训体系。

在这一篇中，模拟实训内容由设置账户实训、应用原始凭证实训、应用记账凭证实训、应用会计账簿实训、编制会计报表实训五部分构成。

第 1 章　设置账户实训

本章提要

在会计实务中，设置账户一般也称“建账”。通过本章所设置的实训，学生一要学会如何建立总账和明细账；二要学会如何根据原有会计资料建立新账和如何为新设企业建账。本章实训，一方面要突破会计实务中“建账”的难点，使学生真正了解“账”的产生过程，提高理论与实践相结合的能力，掌握会计核算账户设置的基本原理和方法，学会在实际工作中根据有关资料的相互联系建立完整的账户核算体系，从而具备设置账户的操作技能；另一方面使学生理解账户体系的形成与构成，熟悉账户分类在提供会计信息方面的作用。

学习目标

- 了解会计科目的基本核算内容及其在账户设置中的作用。
- 熟悉总账账户与明细账账户之间的基本关系，以及账户分类在提供会计信息方面的作用。
- 掌握新设企业的初次会计核算和已有过会计核算的企业两种情况下建账的基本方法。
- 能够对企业的会计业务资料进行基本分析，能够在账簿中为企业进行各种账户开设的建账操作。

学习导航

第 1 章

↓

1.1　设置总账账户

1. 根据企业原有会计核算资料，即上期期末总账账户余额表设置本期总账账户
2. 分析新设企业的有关资料，为其设置总账账户

↓

1.2　设置明细账账户

1. 根据实训资料，编制完成企业各总账账户之下应设置的明细账账户
2. 根据明细账账户表，进行明细账账户的设置及初始余额的登记操作

↓

1.3　划分账户类别

1. 按经济内容编制总账账户分类表
2. 按用途与结构编制总账账户分类表
3. 按两种分类的关系编制总账账户分类表

1.1　设置总账账户

1. 实训任务

根据所给的不同状况下的企业资料，为企业设置相应的总账账户。具体任务：

（1）根据企业原有会计核算资料，即上期期末总账账户余额表设置本期总账账户。

（2）分析新设企业的有关资料，为其设置总账账户。

2. 实训目的

通过总账账户的设置，掌握总账账户设置的基本原理和方法，学会在实际工作中，根据有关资料的相互联系建立一个完整的总账账户体系，从而具备进行企业会计总账和提供总分类会计信息所需要的基本操作技能。

3. 知识准备

会计科目是企业会计分类核算账户的名称。在我国，设置总账账户必须以财政部颁布实施的《企业会计准则——应用指南》中所规定的会计科目为标准，因此，要正确地进行

总账账户的设置，必须熟悉《企业会计准则——应用指南》中所规定的会计科目及其核算内容。

4．实训资料与动手操作

（1）实训资料一。舒居百货有限公司 2015 年 12 月 31 日总账账户期末余额如表 1-1 所示。

表 1-1　总账账户期末余额表

舒居百货有限公司 2015 年总账账户期末余额表　　单位：元

总账账户	期末余额	
	借　　方	贷　　方
库存现金	3 200.00	
银行存款	450 000.00	
应收账款	650 000.00	
预付账款	80 000.00	
应收票据	520 000.00	
库存商品	2 980 000.00	
固定资产	1 320 000.00	
累计折旧		400 000.00
应付账款		960 000.00
应交税费		210 200.00
应付票据		420 000.00
实收资本		2 888 000.00
资本公积		310 000.00
盈余公积		245 000.00
利润分配（未分配利润）		570 000.00
合　　计	6 003 200.00	6 003 200.00

财务负责人：左洪峰　　会计：安晶依　　制表：陶春　　复核：郑树森

（舒居百货有限公司 财务专用）

（2）动手操作一。请根据上述资料，并利用备用总账账页（见表 1-2 至表 1-16），为舒居百货有限公司设置 2016 年总账账户，并登记 2016 年 1 月 1 日各账户期初余额。

表 1-2　总账账页（一）

总　　账

会计科目:________

年		记账凭证		摘要	借方									贷方									核对号	借或贷	余额								
月	日	种类	编号		百	十	万	千	百	十	元	角	分	百	十	万	千	百	十	元	角	分			百	十	万	千	百	十	元	角	分

表 1-3　总账账页（二）

总　　账

会计科目:________

年		记账凭证		摘要	借方									贷方									核对号	借或贷	余额								
月	日	种类	编号		百	十	万	千	百	十	元	角	分	百	十	万	千	百	十	元	角	分			百	十	万	千	百	十	元	角	分

表 1-4　总账账页（三）

总　　账

会计科目:________

年		记账凭证		摘要	借方									贷方									核对号	借或贷	余额								
月	日	种类	编号		百	十	万	千	百	十	元	角	分	百	十	万	千	百	十	元	角	分			百	十	万	千	百	十	元	角	分

表 1-5 总账账页（四）

总 账

会计科目:____________

年		记账凭证		摘要	借方									贷方									核对号	借或贷	余额								
月	日	种类	编号		百	十	万	千	百	十	元	角	分	百	十	万	千	百	十	元	角	分			百	十	万	千	百	十	元	角	分

表 1-6 总账账页（五）

总 账

会计科目:____________

年		记账凭证		摘要	借方									贷方									核对号	借或贷	余额								
月	日	种类	编号		百	十	万	千	百	十	元	角	分	百	十	万	千	百	十	元	角	分			百	十	万	千	百	十	元	角	分

表 1-7 总账账页（六）

总 账

会计科目:____________

年		记账凭证		摘要	借方									贷方									核对号	借或贷	余额								
月	日	种类	编号		百	十	万	千	百	十	元	角	分	百	十	万	千	百	十	元	角	分			百	十	万	千	百	十	元	角	分

表 1-8　总账账页（七）

总　　账

会计科目：________

年		记账凭证		摘要	借方									贷方									核对号	借或贷	余额								
月	日	种类	编号		百	十	万	千	百	十	元	角	分	百	十	万	千	百	十	元	角	分			百	十	万	千	百	十	元	角	分

表 1-9　总账账页（八）

总　　账

会计科目：________

年		记账凭证		摘要	借方									贷方									核对号	借或贷	余额								
月	日	种类	编号		百	十	万	千	百	十	元	角	分	百	十	万	千	百	十	元	角	分			百	十	万	千	百	十	元	角	分

表 1-10　总账账页（九）

总　　账

会计科目：________

年		记账凭证		摘要	借方									贷方									核对号	借或贷	余额								
月	日	种类	编号		百	十	万	千	百	十	元	角	分	百	十	万	千	百	十	元	角	分			百	十	万	千	百	十	元	角	分

表 1-11　总账账页（十）

总　账																																	
会计科目:																																	
年		记账凭证		摘　要	借　方									贷　方									核对号	借或贷	余　额								
月	日	种类	编号		百	十	万	千	百	十	元	角	分	百	十	万	千	百	十	元	角	分			百	十	万	千	百	十	元	角	分

表 1-12　总账账页（十一）

总　账																																	
会计科目:																																	
年		记账凭证		摘　要	借　方									贷　方									核对号	借或贷	余　额								
月	日	种类	编号		百	十	万	千	百	十	元	角	分	百	十	万	千	百	十	元	角	分			百	十	万	千	百	十	元	角	分

表 1-13　总账账页（十二）

总　账																																	
会计科目:																																	
年		记账凭证		摘　要	借　方									贷　方									核对号	借或贷	余　额								
月	日	种类	编号		百	十	万	千	百	十	元	角	分	百	十	万	千	百	十	元	角	分			百	十	万	千	百	十	元	角	分

表 1-14　总账账页（十三）

总　　账

会计科目:__________________

年		记账凭证		摘　要	借　方									贷　方									核对号	借或贷	余　额								
月	日	种类	编号		百	十	万	千	百	十	元	角	分	百	十	万	千	百	十	元	角	分			百	十	万	千	百	十	元	角	分

表 1-15　总账账页（十四）

总　　账

会计科目:__________________

年		记账凭证		摘　要	借　方									贷　方									核对号	借或贷	余　额								
月	日	种类	编号		百	十	万	千	百	十	元	角	分	百	十	万	千	百	十	元	角	分			百	十	万	千	百	十	元	角	分

表 1-16　总账账页（十五）

总　　账

会计科目:__________________

年		记账凭证		摘　要	借　方									贷　方									核对号	借或贷	余　额								
月	日	种类	编号		百	十	万	千	百	十	元	角	分	百	十	万	千	百	十	元	角	分			百	十	万	千	百	十	元	角	分

（3）实训资料二。大连倍速轴承有限责任公司为一新设企业，2015 年 8 月 20 日注册成立，部分有关资料包括《验资报告》（见表 1-17）、注册资本实收情况明细表（见表 1-18）、股东投资资产验收清单（见表 1-19）、股东投资资产评估明细表（见表 1-20 至表 1-22）。

表 1-17 验资报告

大连启顺会计师事务所有限公司

启会内验字（2015）201 号

验　资　报　告

大连倍速轴承有限责任公司：

我们接受委托，审验了贵公司截至 2015 年 8 月 20 日申请设立登记的注册资本实收情况。我们的审验依据是《独立审计实务公告第 1 号——验资》（略）。

贵公司章程规定，申请登记注册的资本为人民币 220 万元，由各股东于 2015 年 8 月 20 日之前缴足。其中：韩玉山应出资人民币 120 万元，出资方式为货币资金 60 万元（银行存款），实物 60 万元；祁艳出资人民币 50 万元，出资方式为实物 50 万元；青岛倍强特种钢有限责任公司出资人民币 50 万元，出资方式为实物 50 万元。

经审验，截至 2015 年 8 月 20 日，实际收到各股东缴纳的注册资本分别为：韩玉山货币资金 60 万元，实物评估价值 66 万元；祁艳实物评估价值 62 万元；青岛倍强特种钢有限责任公司实物评估价值 65 万元 [青岛《同兴评报字（2015）97 号》资产评估报告]，各股东已对评估结果予以认可，其中各实物溢价记作相应出资人的其他应付款。

附件：1. 注册资本实收明细表
2. 实收韩玉山出资明细表
3. 实收祁艳出资明细表
4. 实收青岛倍强特种钢有限责任公司出资明细表（共计四份）

大连启顺会计师事务所 有限公司 120200439003521

中国注册会计师 臧德海 2102000056003

中国注册会计师 国博深 2102000056091

大连启顺会计师事务所有限公司　　中国注册会计师：国博深

电话：6004121　6004122　　中国注册会计师：臧德海

地址：中国大连　　**报告日期：2015 年 8 月 29 日**

表 1-18 注册资本实收情况明细表

注册资本实收情况明细表

截至 2015 年 8 月 20 日

拟设立公司名称：大连倍速轴承有限责任公司　　单位：万元

股东名称	认缴注册资本		实际出资情况				
	金额	出资比例（%）	货币	实物	合计	其中	
						注册资本	实物溢价
韩玉山	120	54.54	60	66	126	120	6
祁艳	50	22.73		62	62	50	12
青岛倍强特种钢有限责任公司	50	22.73		65	65	50	15
	220	100.00	60	193	253	220	33

股东签章：青岛倍强特种钢有限责任公司　祁艳之印　韩玉山印　　会计师事务所签章：大连启顺会计师事务所 有限公司 120200439003521

表 1-19 股东投资资产验收清单

股东投资资产验收清单

资产验收日：2015 年 8 月 10 日

序号	投资项目	计量单位	数量	单价（元）	原值合计（元）	评估值（元）	备 注
1	货币资金				600 000		
2	C620 车床	台	5	38 000	190 000		
3	万能铣床	台	8	72 000	576 000		
4	去翅机床	台	2	7 000	14 000		
5	立式刨床	台	3	42 000	126 000		
6	磨床	台	2	64 000	128 000		
7	劳保用品	套	200	300	60 000		
8	安装设备用水泥	吨	30	3 500	105 000		
9	办公用电脑	台	2	4 500	9 000		
10	修理用零配件	件			436 000		
11	液压型材Ⅱ锯床	台	2	26 000	52 000		
12	液压型材Ⅲ锯床	台	2	49 000	98 000		
13	4 号轴承钢	吨	30	5 000	150 000		
14	3 号轴承钢	吨	25	6 000	150 000		
15	2 号轴承钢	吨	25	8 000	200 000		
合 计					2 894 000		

公司资产验收组成员签字： 韩玉山 祁艳 温室君（青倍钢代表）

公司盖章：

补充说明：投入设备需安装后才能使用（办公用电脑除外）；暂不考虑增值税进项税。

表 1-20　股东投资资产评估明细表

股东投资资产评估明细表

投资人名称：韩玉山　　　　评估基准日：2015 年 8 月 20 日

序　号	投资项目	计量单位	数量	单价（元）	原值合计（元）	评估值（元）	备　注
1	货币资金				600 000	600 000	
2	C620 车床	台	5	38 000	190 000	150 000	
3	万能铣床	台	8	72 000	576 000	510 000	
合　计					1 366 000	1 260 000	

股东签字：　　　　会计师事务所签章：

（附有关原始单据或复印件 9 张）

表 1-21　股东投资资产评估明细表

股东投资资产评估明细表

投资人名称：祁艳　　　　评估基准日：2015 年 8 月 20 日

序　号	投资项目	计量单位	数　量	单价（元）	原值合计（元）	评估价值（元）	备　注
1	去翅机床	台	2	7 000	14 000	10 000	
2	立式刨床	台	3	42 000	126 000	90 000	
3	磨床	台	2	64 000	128 000	80 000	
4	劳保用品	套	200	300	60 000	60 000	
5	安装设备用水泥	吨	30	3 500	105 000	105 000	
6	办公用电脑	台	2	4 500	9 000	9 000	
7	修理用零配件	件			436 000	266 000	
合　计					878 000	620 000	

股东签字：　　　　会计师事务所签章：

（附有关原始单据或复印件 21 张）

表 1-22 股东投资资产评估明细表

股东投资资产评估明细表

投资人名称：青岛倍强特种钢有限责任公司　　　　评估基准日：　　　　2015 年 8 月 20 日

序 号	投资项目	计量单位	数量	单价（元）	原值合计（元）	评估值（元）	备 注
1	液压型材Ⅱ锯床	台	2	26 000	52 000	52 000	
2	液压型材Ⅲ锯床	台	2	49 000	98 000	98 000	
3	4 号轴承钢	吨	30	5 000	150 000	150 000	
4	3 号轴承钢	吨	25	6 000	150 000	150 000	
5	2 号轴承钢	吨	25	8 000	200 000	200 000	
合 计					650 000	650 000	

股东签字：　　　　会计师事务所签章：

之邦印艳　山韩印玉　青岛倍强特种钢有限责任公司　大连启顺会计师事务所有限公司 120200439003521

［附：青岛《同兴评报字（2015）97 号》资产评估报告］

（4）动手操作二。

1）请根据上述业务资料并在表 1-23 中，确定应为大连倍速轴承有限责任公司设置的总账账户及各账户应登记的初始余额。

表 1-23 总账账户及初始余额表

总账账户及初始余额表

2015 年 9 月 1 日

序 号	总账账户	期初余额（元）	
		借 方	贷 方
1			
2			
3			
4			
5			
6			
7			
合 计			

财务负责人：　　　　会计：　　　　稽核：　　　　制表：

📖 **分析与操作提示**：要完成编制表 1-23 的任务，首先要分析注册资本实收情况明细表（见表 1-18），以确定应设置哪些账户来核算投资的来源；其次要根据股东投资明细表，充实股东投资资产验收清单（见表 1-19）中的评估值，即投资资产的记账价值；然后对股东投资资产验收清单（见表 1-19）中的资产进行分析，划分资产类别，确定相应的总账账户与记账金额，分析时要进行相应的分析记录；在前一步的基础上即可完成编制总账账户及初始余额表任务。

2）请根据编制完成的表（见表 1-23）并利用总账账页（见表 1-24 至表 1-30），为大连倍速轴承有限责任公司设置 2015 年总账账户并登记各总账账户的期初余额。

表 1-24　总账账页（一）

总　　　　账

会计科目：________

年		记账凭证		摘要	借方									贷方									核对号	借或贷	余额								
月	日	种类	编号		百	十	万	千	百	十	元	角	分	百	十	万	千	百	十	元	角	分			百	十	万	千	百	十	元	角	分

表 1-25　总账账页（二）

总　　　　账

会计科目：________

年		记账凭证		摘要	借方									贷方									核对号	借或贷	余额								
月	日	种类	编号		百	十	万	千	百	十	元	角	分	百	十	万	千	百	十	元	角	分			百	十	万	千	百	十	元	角	分

表 1-26 总账账页（三）

总 账

会计科目:______________

年		记账凭证		摘要	借方									贷方									核对号	借或贷	余额								
月	日	种类	编号		百	十	万	千	百	十	元	角	分	百	十	万	千	百	十	元	角	分			百	十	万	千	百	十	元	角	分

表 1-27 总账账页（四）

总 账

会计科目:______________

年		记账凭证		摘要	借方									贷方									核对号	借或贷	余额								
月	日	种类	编号		百	十	万	千	百	十	元	角	分	百	十	万	千	百	十	元	角	分			百	十	万	千	百	十	元	角	分

表 1-28 总账账页（五）

总 账

会计科目:______________

年		记账凭证		摘要	借方									贷方									核对号	借或贷	余额								
月	日	种类	编号		百	十	万	千	百	十	元	角	分	百	十	万	千	百	十	元	角	分			百	十	万	千	百	十	元	角	分

表 1-29　总账账页（六）

总　　　　账

会计科目：________

年		记账凭证		摘要	借方									贷方									核对号	借或贷	余额								
月	日	种类	编号		百	十	万	千	百	十	元	角	分	百	十	万	千	百	十	元	角	分			百	十	万	千	百	十	元	角	分

表 1-30　总账账页（七）

总　　　　账

会计科目：________

年		记账凭证		摘要	借方									贷方									核对号	借或贷	余额								
月	日	种类	编号		百	十	万	千	百	十	元	角	分	百	十	万	千	百	十	元	角	分			百	十	万	千	百	十	元	角	分

5．操作结果展示或说明

（1）根据舒居百货公司上年年末总账账户余额，2016 年 1 月 1 日应设置的总账账户及各账户期初余额登记如表 1-31 和表 1-32 所示。

表 1-31　总账账户设置——库存现金

总　　　　账

会计科目：库存现金

16年		记账凭证		摘要	借方									贷方									核对号	借或贷	余额								
月	日	种类	编号		百	十	万	千	百	十	元	角	分	百	十	万	千	百	十	元	角	分			百	十	万	千	百	十	元	角	分
1	1		1	上年结转																				借				3	2	0	0	0	0

表 1-32 总账账户设置——银行存款

总 账

会计科目：银行存款

16 年		记账凭证		摘要	借方									贷方									核对号	借或贷	余额								
月	日	种类	编号		百	十	万	千	百	十	元	角	分	百	十	万	千	百	十	元	角	分			百	十	万	千	百	十	元	角	分
1	1		1	上年结转																				借		4	5	0	0	0	0	0	0

（其他总账账户设置略）

📖 **知识与技能拓展**：表 1-31 和表 1-32 是根据企业 2015 年年末总账账户余额表进行 2016 年总账账户的设置，在 2016 年的工作中，根据经济业务的实际发生情况及其会计核算的需要，按《企业会计准则——应用指南》所规定的有关会计科目，再增设其他新的总账账户，如有关核算损益的总账账户等。也可根据前期已使用总账账户的经验，将本期可能使用的各总账账户一次全部设置完毕。

（2）大连倍速轴承有限责任公司会计现应设置的总账账户及各账户初始登记余额如表 1-33 所示。

表 1-33 总账账户及各账户初始余额表

总账账户及各账户初始余额表

2015 年 9 月 1 日

序号	总账账户	期初余额（元）	
		借方	贷方
1	银行存款	600 000.00	
2	原材料	766 000.00	
3	周转材料	60 000.00	
4	固定资产	9 000.00	
5	在建工程	1 095 000.00	
6	其他应付款		330 000.00
7	股本		2 200 000.00
合计		2 530 000.00	2 530 000.00

财务负责人： 会计： 稽核： 制表：

📖 **知识与技能拓展**：新设立企业会计总账账户，一般应根据企业成立之初的有关投入资本资料开始设置。在其后的会计工作中，根据经济业务的实际发生情况及其会计核算的需要，按《企业会计准则——应用指南》所规定的有关会计科目，再增设其他新的总账账户，如有关核算成本的总账账户和有关核算损益的总账账户等。总的账户设置方法同表 1-31 等。

6．课堂讨论与课后作业题

（1）《企业会计准则——应用指南》为什么要对总账账户规定统一执行的会计科目？

（2）设置总账账户有什么作用？

（3）通过上述实训，你认为设置总账账户的依据是什么。

1.2 设置明细账账户

1．实训任务

根据实训资料，为企业设置能够完整、全面反映总账账户核算内容详细情况的明细账账户。具体任务是：

（1）根据实训资料，编制完成企业各总账账户之下应设置的明细账账户。

（2）根据明细账账户表，进行明细账账户的设置及初始余额的登记操作。

2．实训目的

通过明细账账户的设置，掌握明细账账户设置的基本原理和方法，学会如何根据有关资料建立与总账账户相适应的明细账账户体系，以满足企业会计明细账核算和提供明细账会计信息的需要。

3．知识准备

在我国，《企业会计准则——应用指南》只规定了设置总账账户时所使用的会计科目和少部分明细账账户所使用的明细科目，因此，明细账账户的明细科目，多数由企业会计人员根据该明细账户所反映的某方面具体内容来编制。

4．实训资料与动手操作

（1）实训资料。包括总账账户设置实训中的《验资报告》（见表 1-17）、注册资本实收情况明细表（见表 1-18）、股东投资资产验收清单（见表 1-19）、股东投资资产评估明细表（见表 1-20 至表 1-22）的资料与实训结果提示的总账账户及各账户期初余额表（见表 1-33）。

（2）动手操作。

1）根据资料，在以下各表中列出部分总账账户应设置的明细账账户。

📖 **分析与操作提示**：要完成编制以下各表的任务，首先要根据某一总账账户去查找该账户原始数据的来源，再对原始数据进行构成（分类）分析，即可进一步确定该总账账户需分类详细反映的内容，从而确定应设置的相关明细账账户。

① 在“原材料”总账账户下设置的明细账账户如表 1-34 所示。

表 1-34 “原材料”总账应设明细账账户表（备用）

序 号	原材料明细账名称	计量单位	数 量	单 价	期初余额（元）	
					借 方	贷 方
1						
2						
3						
4						
合 计						

财务负责人： 会计： 稽核： 制表：

② 在“其他应付款”总账账户下设置的明细账账户如表 1-35 所示。

表 1-35 “其他应付款”总账应设明细账账户表（备用）

序 号	其他应付款明细账名称	期初余额（元）	
		借 方	贷 方
1			
2			
3			
合 计			

财务负责人： 会计： 稽核： 制表：

2）根据编制完成的应设明细账账户表，利用账页（见表 1-36 至表 1-39）进行部分明细账设置与初始余额登记的操作。

表 1-36 明细账账页（一）

明 细 账

总账科目：＿＿＿＿＿＿ 明细科目：＿＿＿＿＿＿ 计量单位：＿＿＿＿＿＿

年		记账凭证		摘 要	借 方											贷 方											核对号	结 存										
					数量	单价	金 额									数量	单价	金 额										数量	单价	金 额								
月	日	种类	编号				百	十	万	千	百	十	元	角	分			百	十	万	千	百	十	元	角	分				百	十	万	千	百	十	元	角	分

表 1-37　明细账账页（二）

明　细　账

总账科目:________　明细科目:________

年		记账凭证		摘要	借方									贷方									核对号	借或贷	余额								
月	日	种类	编号		百	十	万	千	百	十	元	角	分	百	十	万	千	百	十	元	角	分			百	十	万	千	百	十	元	角	分

表 1-38　明细账账页（三）

明　细　账

总账科目:________　明细科目:________

年		记账凭证		摘要	借方									贷方									核对号	借或贷	余额								
月	日	种类	编号		百	十	万	千	百	十	元	角	分	百	十	万	千	百	十	元	角	分			百	十	万	千	百	十	元	角	分

表 1-39　明细账账页（四）

明　细　账

总账科目:________　明细科目:________

年		记账凭证		摘要	借方									贷方									核对号	借或贷	余额								
月	日	种类	编号		百	十	万	千	百	十	元	角	分	百	十	万	千	百	十	元	角	分			百	十	万	千	百	十	元	角	分

5．操作结果展示或说明

根据前述资料，对原材料总账、其他应付款总账设置明细账账户（见表 1-40 和表 1-41）和原材料明细账账户设置与初始余额登记（见表 1-42）。

表 1-40　“原材料”总账应设明细账账户表

序号	原材料名称	计量单位	数　量	单价（元）	期初余额（元）	
					借　方	贷　方
1	修理用零配件	件			266 000.00	
2	4 号轴承钢	吨	30	5 000.00	150 000.00	
3	3 号轴承钢	吨	25	6 000.00	150 000.00	
4	2 号轴承钢	吨	25	8 000.00	200 000.00	
合　计					766 000.00	

财务负责人：　　会计：　　稽核：　　制表：　　2015 年 9 月 1 日

表 1-41　“其他应付款”总账应设明细账账户表

序号	其他应付款明细账	期初余额（元）	
		借　方	贷　方
1	韩玉山		60 000.00
2	祁艳		120 000.00
3	青岛倍强特种钢有限责任公司		150 000.00
合　计			330 000.00

财务负责人：　　会计：　　稽核：　　制表：　　2015 年 9 月 1 日

表 1-42　原材料“4 号轴承钢”明细账

明　细　账

总账科目：原 材 料　　明细科目：4号轴承钢　　计量单位：吨

15年 月	日	记账凭证 种类	编号	摘　要	借方 数量	借方 单价	借方 金额	贷方 数量	贷方 单价	贷方 金额	核对号	结存 数量	结存 单价	结存 金额
9	1			投入材料	30	5000	150000.00					30	5000	150000.00

（其他明细账账户设置略）

6．课堂讨论与课后作业题

（1）设置明细账账户有什么作用？

（2）如果某明细账账户反映的核算内容不够详细，如上述 4 号轴承钢还存在用途上的不同，是否可在其下进一步设置反映问题更为详细的明细账？

（3）是否所有的总账账户都需要设立其明细账？

（4）能否概括一下总账与明细账之间的关系？

1.3 划分账户类别

1. 实训任务

根据实训资料，对企业所设置的总账账户按要求进行分类。

（1）按经济内容编制总账账户分类表。

（2）按用途与结构编制总账账户分类表。

（3）按两种分类的关系编制总账账户分类表。

2. 实训目的

通过总账账户的分类，在理解各个账户特性的基础上，进一步了解账户的共性，明确各类账户的作用，熟悉账户之间的内在联系和各类账户在提供会计信息方面的规律性。

3. 知识准备

总账账户可以按不同的标志进行分类，以账户的经济内容以及以账户的用途与结构为分类标志，是两种常用的分类标志。以账户的经济内容为分类标志，是根据账户所反映的企业经济活动及其对会计要素的影响所进行的分类。以账户的用途与结构为分类标志，是根据各账户的结构特征及各账户所能提供的会计管理、财务管理的信息作用，而对账户所做的分类。

4. 实训资料与动手操作

（1）实训资料。青岛倍强特种钢有限责任公司上年所设部分总账账户如表 1-43 所示。

表 1-43　青岛倍强特种钢有限责任公司上年所设部分总账账户名称

序号	总账账户名称	序号	总账账户名称	序号	总账账户名称	序号	总账账户名称
1	银行存款	8	材料采购	15	应收账款	22	固定资产
2	原材料	9	材料成本差异	16	长期待摊费用	23	应付职工薪酬
3	累计折旧	10	预收账款	17	应付账款	24	实收资本
4	应交税费	11	应付利息	18	长期借款	25	主营业务收入
5	盈余公积	12	制造费用	19	生产成本	26	销售费用
6	投资收益	13	主营业务成本	20	管理费用		
7	本年利润	14	利润分配	21	坏账准备		

（2）实训操作。根据表 1-43 的资料，分别按经济内容、用途与结构以及这两种总账的关系编制总账账户分类表，如表 1-44 至表 1-46 所示。

表 1-44 总账账户按经济内容分类表

类别		账户名称
资产类账户	流动资产类	
	非流动资产类	
负债类账户	流动负债类	
	非流动负债类	
所有者权益类账户	所有者投资类	
	所有者留存收益类	
成本类账户	采购成本类	
	产品生产成本类	
损益类账户	收益类	
	费用类	

表 1-45 总账账户按用途与结构分类表

类别	账户名称
盘存账户	

续表

类　别		账户名称
结算账户	债权结算	
	债务结算	
所有者投资账户		
集合分配账户		
跨期摊提账户		
成本计算账户		
收入账户		
费用账户		
财务成果账户		
调整账户		
计价对比账户		

表 1-46　两种总账账户分类关系表

分类（账户名称）／分类	资产类账	负债类账户	所有者权益类账户	成本类账户	损益类账户
盘存账户					

续表

分类 / 账户名称 / 分类	资产类账	负债类账户	所有者权益类账户	成本类账户	损益类账户
结算账户					
所有者投资账户					
集合分配账户					
成本计算账户					
收入账户					
费用账户					
财务成果账户					
调整账户					
计价对比账户					
跨期摊提账户					

5. 操作结果展示或说明

根据资料，按经济内容、用途与结构以及两种账户关系编制完成的账户分类表如表 1-47 至表 1-49 所示。

表 1-47 总账账户按经济内容分类表

类别		账户名称
资产类账户	流动资产类	银行存款
		原材料
		材料成本差异
		应收账款
		坏账准备

续表

类　别		账户名称
资产类账户	非流动资产类	长期待摊费用
		固定资产
		累计折旧
负债类账户	流动负债类	预收账款
		应付账款
		应付职工薪酬
		应交税费
		应付利息
	非流动负债类	长期借款
所有者权益类账户	所有者投资类	实收资本
	所有者留存收益类	本年利润
		利润分配
		盈余公积
成本类账户	采购成本类	材料采购
	产品生产成本类	制造费用
		生产成本
损益类账户	收益类	主营业务收入
		投资收益
	费用类	主营业务成本
		管理费用
		销售费用

表1-48　总账账户按用途和结构分类表

类　别		账户名称
盘存账户		银行存款
		原材料
		固定资产
结算账户	债务结算账户	应收账款
		预收账款
		应付账款
		应付职工薪酬
		应交税费
		长期借款

续表

类　别	账户名称
所有者投资账户	实收资本
	盈余公积
集合分配账户	制造费用
跨期摊提账户	长期待摊费用
	应付利息
成本计算账户	材料采购
	生产成本
收入账户	主营业务收入
	投资收益
费用账户	主营业务成本
	管理费用
	销售费用
财务成果账户	本年利润
调整账户	累计折旧
	坏账准备
	材料成本差异
	利润分配
计价对比账户	材料采购
	生产成本

表 1-49　两种总账账户分类关系表

分类 / 账户名称 / 分类	资产类账	负债类账户	所有者权益类账户	成本类账户	损益类账户
盘存账户	银行存款				
	原材料				
	固定资产				
结算账户	应收账款	预收账款			
		应付账款			
		应付职工薪酬			
		应交税费			
		长期借款			
所有者投资账户			实收资本		
			盈余公积		

续表

分类 账户名称 分类	资产类账	负债类账户	所有者权益类账户	成本类账户	损益类账户
集合分配账户				制造费用	
成本计算账户				生产成本	
				材料采购	
收入账户					主营业务收入
					投资收益
费用账户					主营业务成本
					管理费用
					销售费用
财务成果账户			本年利润		
调整账户	累计折旧		利润分配		
	坏账准备				
	材料成本差异				
计价对比账户				材料采购	
				生产成本	
跨期摊提账户	长期待摊费用				

6．课堂讨论与课后作业题

（1）为什么要进行账户的分类?

（2）账户按经济内容和按用途与结构分类有什么意义？存在什么关系？

第 2 章　应用原始凭证实训

本章提要

会计工作不仅以原始凭证记录、反映经济业务的发生情况，更要以原始凭证为依据来核算企业的经济活动。正确地进行原始凭证的填制和审核，依据原始凭证分析判断其所反映的经济业务，是对会计人员业务能力的基本要求。本章所设置的实训内容有：填制原始凭证，包括原始凭证的填制要求与填制技能；审核原始凭证，包括原始凭证的审核要求与审核的基本原则，以具备判断原始凭证合法、合规及有效性的职业判断能力；解读填制原始凭证，以具备依据原始凭证分析判断其所反映的经济业务的职业判断能力。

学习目标

- 了解原始凭证的基本分类及原始凭证内容的基本构成要素。
- 熟悉填制原始凭证的基本过程与要求，以及原始凭证审核的基本原则。
- 掌握原始凭证审核中有关合法、合规及有效性的基本判断依据与相应的处理方法。
- 能够正确进行原始凭证填制的操作，正确解读各种原始凭证所反映的经济业务。

学习导航

第 2 章

↓

2.1 填制原始凭证

根据实训资料所给出的各项经济业务，按照填制凭证的规范要求，正确地填制每项经济业务相关的原始凭证

↓

2.2 审核原始凭证

按照审核和填制原始凭证的基本要求，对实训资料所给出的各项原始凭证进行审核，指出原始凭证中存在的问题，判断问题的存在是否会导致原始凭证无效，并提出存在问题原始凭证的处理方法

↓

2.3 解读原始凭证

对实训资料中给出的原始凭证进行分析，指出其所反映的经济业务，并对反映的经济业务做出简要的说明

2.1 填制原始凭证

1. 实训任务

根据实训资料所给出的各项经济业务，按照填制凭证的规范要求，正确地填制每项经济业务相关的原始凭证。

2. 实训目的

通过填制原始凭证，了解原始凭证的基本分类和基本内容（原始凭证内容的基本构成要素），熟悉填制原始凭证的基本过程与要求，学会填制原始凭证的操作方法。从感性上认识原始凭证，进一步理解原始凭证的产生与所发生经济业务的内在联系。

3. 知识准备

为熟悉填制原始凭证的基本要求、正确填制原始凭证，请参阅附录 B《会计基础工作规范》的第四十七条至第五十条和第五十二条至第五十五条，为正确进行动手操作做好准备。

4．实训资料与动手操作

宝路有限责任公司（简称宝路公司）是一家加工制造企业，为增值税一般纳税人，税务登记号：238011550834711，地址：南江市临江路 7 号，开户银行：中国工商银行南江市临江路分理处，账号：92003721，公司法人代表是唐峻。公司财务科由科长刘金、会计张家明、出纳员钱劲等五人组成。

2015 年 12 月 1 日至 10 日宝路公司发生的部分经济业务如下所述。

（1）12 月 1 日，填写支票（见表 2-1 和表 2-2）。一是准备从银行存款中提取现金 5 200 元，以备零用；二是准备用于购买办公用品 2 600 元［填写完后，沿虚线处剪开，支票存根留下据以记账。现金支票正联（右侧部分）送银行，用以提取现金；转账支票正联（右侧部分）交购买办公用品的经办人，用以付款］。

（2）12 月 1 日，填写借款单（见表 2-3）。经供销科长林文批准，采购员尹清到天津参加商品交易会，预借差旅费，申请金额 2 100 元，批准金额 1 800 元，付给其现金。预计 5 日返回。

表 2-1 现金支票单据

存根（左侧）

中国工商银行现金支票存根

支票号码005367891

附加信息：

出票日期： 年 月 日

收款人：

金额：

用途：

备注：

单位主管： 会计：

本支票付款期十天

正联（右侧）

中国工商银行**现金支票** 支 票 号 码 005367891

出票日期(大写) 年 月 日 开户行名称：

出票人账号：

收款人：

人民币（大写）：	千	百	十	万	千	百	十	元	角	分

用途： 科目(借)：

对方科目：

上列款项从我账户内支付 付讫日期 年 月 日

出纳： 记账：

出票人盖章： 复核：

表 2-2　转账支票单据

中国工商银行转账支票存根		中国工商银行转账支票　　支票号码 00236789
支票号码00236789	本支票付款期十天	出票日期(大写)　年　月　日　开户行名称：
附加信息：		出票人账号：
		收款人：
出票日期：　年　月　日		人民币(大写)：　千 百 十 万 千 百 十 元 角 分
收款人：		
金额：		用途：　科目(借)：
用途：		对方科目：
备注：		上列款项从我账户内支付　付讫日期　年　月　日
		出纳：　记账：
单位主管：　会计：		出票人盖章：　复核：

表 2-3　借款单单据

借　款　单

年　月　日　　计量单位：人民币元

工作单位	姓名	申请金额	批准金额	备注：	第一联：存根联
借款金额(大写)：		￥：			
借款理由		预计还款时间：			

批准人：　审核：　借款人：　出纳：

（3）12月1日，填写进账单（见表2-4）。收到达强有限责任公司转账支票一张（见表2-5），用以清偿前欠货款，填写进账单送存银行。

表 2-4　进账单单据

中国工商银行**进账单（回单）**

年　月　日　　　　№

出票人	全　称		持票人	全　称	
	账　号			账　号	
	开户银行			开户银行	
人民币（大写）：			千 百 十 万 千 百 十 元 角 分		
票据种类					
票据张数					
单位主管：　会计：　复核：　记账：			收款人开户银行盖章		

此联银行盖章后退回持票人

表 2-5　收到转账支票单据

中国农业银行转账支票　　　　支票号码：080012

秦群

出票日期（大写）　贰零壹伍年壹拾贰月零壹日　　　　开户行名称：市农行

出票人账号：350025

本支票付款期十天

收款人：宝路有限责任公司

人民币（大写）		千	百	十	万	千	百	十	元	角	分
	：捌万壹仟伍佰肆拾玖元整			¥	8	1	5	4	9	0	0

用途：偿还欠货款　　　　科目（借）：

对方科目：

上列款项从我账户内支付　　　　付讫日期　　年　月　日

宝路有限责任公司　财务专用章　　　之秦印群

出　纳：　　记　账：

出票人盖章：　　　　复　核：

（4）12 月 1 日，填写支票（见表 2-6）。财务科长要求签发金额为 120 000 元的转账支票一张，用以支付前欠向盛公司的货款。

表 2-6　转账支票单据

中国工商银行转账支票存根	本支票付款期十天	中国工商银行转账支票　　支 票 号 码 00236790
支票号码00236790		出票日期(大写)　　年　　月　　日　开户行名称:
附加信息:		出票人账号:
		收款人:
出票日期:　　年　月　日		人民币(大写): 千 百 十 万 千 百 十 元 角 分
收款人:		
金额:		用途:　　科目(借):
用途:		对方科目:
备注:		上列款项从我账户内支付　　付讫日期　　年　　月　　日
		出纳:　　记账:
单位主管:　　会计:		出票人盖章:　　复核:

（5）12 月 1 日，报销差旅费（见表 2-7 至表 2-9）。技术科林晓参加省技术交流会议后返回。交回差旅费单据：火车票 2 张、金额 196 元，船票 2 张、金额 204 元，出租车票 12 张、金额 96 元，住宿费收据 1 张、住宿 6 天、金额 600 元，往返路上时间 48 小时。报销标准：车船及市内交通费实报实销，住宿费每天标准为 90 元，每天伙食补助标准为 30 元，途中伙食补助标准为每 12 小时补助 20 元（夜间双倍）。

表 2-7　差旅车票原始凭证（一）

S 095075	南江站（售）
南江—至—省城	7437 次
2015 年 11 月 23 日 8:00 开	3 车 2 号下铺
全　价 98.00 元	硬座普快卧
限乘当日当次车	
在 2 日内有效	

表 2-8　差旅车票原始凭证（二）

S 125075	省城站（售）
省城—至—南江	7438 次
2015 年 11 月 30 日 8:00 开	2 车 9 号下铺
全　价 98.00 元	硬座普快卧
限乘当日当次车	
在 2 日内有效	

（其他票据略）

表 2-9 差旅费报销单单据

差旅费报销单

单位（部门）： 年 月 日 №：

月	日	时间	出发地	月	日	时间	到达地	机票费（元）	车、船费（元）	卧铺费（元）	夜行车补助费（元）		市内交通费（元）		宿费（元）			出差补助（元）		其他（元）	合计（元）
											小时	金额	实支	包干	标准	实支	提成扣减	天数	金额		
合 计																					

出差任务		报销金额（大写）	人民币：	预借金额（元）	
		单位负责人	部门负责人	出差人	报销金额（元）	
					结余或超支（元）	

会计主管人员： 记账： 审核： 附单据 张

（6）12 月 4 日，开出销售产品发票和填写进账单（见表 2-10 至表 2-15）。销售给达强有限责任公司 B 产品 1 000 件，每件售价 90 元（不含税），向对方开出增值税发票并收到对方用以付款的转账支票一张，填写进账单送存银行。达强有限责任公司地址：南江市技术开发区一丁路 165 号，开户银行：中国农业银行南江一丁路分行，账号：3569183，税务登记号：238011550830419。

表 2-10 增值税发票第一联

南江市增值税专用发票

全国统一发票监制章 国家税务局监制

2380998141 发 票 联 № 08312207

开票日期 年 月 日

购货单位	名 称				纳税人登记号																		第一联：存根联 留存备查
	地址、电话				开户银行及账号																		
货物或应税劳务名称		计量单位	数量	单价	金 额										税率（%）	税 额							
					千	百	十	万	千	百	十	元	角	分		百	十	万	千	百	十	元	角	分
合 计																							
价税合计（大写）		仟 佰 拾 万 仟 佰 拾 元 角 分																					
销货单位	名 称				纳税人登记号																		
	地址、电话				开户银行及账号																		
备注																							

销货单位（章）： 收款人： 复核人： 开票人：

表 2-11　增值税发票第二联

南江市增值税专用发票

全国统一发票监制章 国家税务总局监制

发票联

2380998141　　　　　　　　　　　　№　08312207

开票日期　　　年　　　月　　　日

购货单位	名称			纳税人登记号		
	地址、电话			开户银行及账号		
货物或应税劳务名称	计量单位	数量	单价	金额 千 百 十 万 千 百 十 元 角 分	税率（%）	税额 百 十 万 千 百 十 元 角 分
合　计						
价税合计（大写）	仟　佰　拾　万　仟　佰　拾　元　角　分					
销货单位	名称			纳税人登记号		
	地址、电话			开户银行及账号		
备注						

第二联：发票联　购货方记账凭证

销货单位（章）：　　　收款人：　　　复核人：　　　开票人：

表 2-12　增值税发票第三联

南江市增值税专用发票

全国统一发票监制章 国家税务总局监制

发票联

2380998141　　　　　　　　　　　　№　08312207

开票日期　　　年　　　月　　　日

购货单位	名称			纳税人登记号		
	地址、电话			开户银行及账号		
货物或应税劳务名称	计量单位	数量	单价	金额 千 百 十 万 千 百 十 元 角 分	税率（%）	税额 百 十 万 千 百 十 元 角 分
合　计						
价税合计（大写）	仟　佰　拾　万　仟　佰　拾　元　角　分					
销货单位	名称			纳税人登记号		
	地址、电话			开户银行及账号		
备注						

第三联：抵扣联　购货方交税务

销货单位（章）：　　　收款人：　　　复核人：　　　开票人：

表 2-13 增值税发票第四联

南江市增值税专用发票

全国统一发票监制章 国家税务总局监制

发 票 联

2380998141 № 08312207

开票日期 年 月 日

购货单位	名 称			纳税人登记号																			
	地址、电话			开户银行及账号																			
货物或应税劳务名称	计量单位	数量	单价	金 额										税率（%）	税 额								
				千	百	十	万	千	百	十	元	角	分		百	十	万	千	百	十	元	角	分
合 计																							
价税合计（大写）	仟 佰 拾 万 仟 佰 拾 元 角 分																						
销货单位	名 称			纳税人登记号																			
	地址、电话			开户银行及账号																			
备注																							

第四联：记账联 售货方记账凭证

销货单位（章）： 收款人： 复核人： 开票人：

表 2-14 收到转账支票单据

中国农业银行转账支票 支票号码：080018

秦群

出票日期(大写) 贰零壹伍年壹拾贰月零肆日 开户行名称：市农行

出票人账号：350025

本支票付款期十天

收款人：宝路有限责任公司

人民币（大写）	壹拾万零伍仟叁佰元整	千	百	十	万	千	百	十	元	角	分
			¥	1	0	5	3	0	0	0	0

用途：购B产品货款 科目(借)：

对方科目：

上列款项从我账户内支付 付讫日期 年 月 日

达强有限责任公司 财务专用章

之秦 印群

出 纳： 记 账：

出票人盖章： 复 核：

（7）12 月 4 日，填写税收缴款书和支票（见表 2-16 至表 2-19）。财务科长要求开出一张转账支票，填写税收缴款书，准备交纳上月的应交增值税（上月的销项税额 320 000 元、进项税额 135 000 元）、城建税（上月的营业税为 50 000 元，没有发生消费税）及教育附加费。

表 2-15　银行进账单单据

中国工商银行进账单（回单）

年　月　日　　　　№

出票人	全　称		持票人	全　称	
	账　号			账　号	
	开户银行			开户银行	
人民币（大写）：					千 百 十 万 千 百 十 元 角 分
票据种类					
票据张数					
单位主管：　会计：　复核：　记账：			收款人开户银行盖章		

此联银行盖章后退回持票人

表 2-16　增值税税收缴款书单据

中华人民共和国

税收(增值税专用)缴款书　　　　№ 0005234

隶属关系：

经济类型：　　　　填写日期：　年　月　日　　　　收入机关：

缴款单位	税务登记代码		预算科目	款			
	全　　称			项			
	开户银行			级次			
	账　　户		收款国库				
税款所属时间：　年　月　日			税款限缴日期：　年　月　日				
品目名称	计税金额	税率或征收率	销项税额	进项税额	已预缴税额	实缴金额（千 百 十 万 千 百 十 元 角 分）	
金额合计（大写）：							
缴款单位（人）（盖章）经办人（章）	税务机关（盖章）填票人（章）	上列款项已收妥，并划转收款单位账户。国库（银行）盖章　年　月　日	备注				

无银行收讫章无效

第六联：收款盖章后退缴税单位的完税凭证

逾期不缴纳按税法规定加收滞纳金

表 2-17 城市维护建设税税收缴款书单据

中华人民共和国

税收(城市维护建设税专用)缴款书 № 0083236

隶属关系:

经济类型: 填写日期: 年 月 日 收入机关:

缴款单位	税务登记代码		预算科目	款	
	全 称			项	
	开户银行			级次	
	账 户		收款国库		
税款所属时间: 年 月 日			税款限缴日期: 年 月 日		
计征依据			征收率(%)	实缴金额	
项目名称	计征金额			千 百 十 万 千 百 十 元 角 分	
增值税					
消费税					
营业税					
金额合计	(大写):				
缴款单位(人) (盖章) 经办人(章)	税务机关 (盖章) 填票人 (章)	上列款项已收妥,并划转收款单位账户。 国库(银行)盖章 年 月 日	备注		

无银行收讫章无效

此联：收款盖章后退缴税单位的完税凭证

逾期不缴纳按税法规定加收滞纳金

表 2-18 教育费附加税收缴款书单据

中华人民共和国

税收(教育费附加专用)缴款书 № 00004631

隶属关系:

经济类型: 填写日期: 年 月 日 收入机关:

缴款单位	税务登记代码		预算科目	款	
	全 称			项	
	开户银行			级次	
	账 户		收款国库		
税款所属时间: 年 月 日			税款限缴日期: 年 月 日		
计征依据			征收率(%)	金 额	
项目名称	计征金额			千 百 十 万 千 百 十 元 角 分	
增值税					
消费税					
营业税					
金额合计	(大写):				
缴款单位(人) (盖章) 经办人(章)	税务机关 (盖章) 填票人 (章)	上列款项已收妥,并划转收款单位账户。 国库(银行)盖章 年 月 日	备注		

无银行收讫章无效

此联，收款盖章后退缴税单位的完税凭证

逾期不缴纳按税法规定加收滞纳金

表 2-19 转账支票单据

中国工商银行转账支票存根	本支票付款期十天	中国工商银行转账支票 支 票 号 码 00236791
支票号码00236791		出票日期(大写)　　年　　月　　日　开户行名称:
附加信息:		出票人账号:
		收款人:
出票日期:　　年　月　日		人民币(大写): 千 百 十 万 千 百 十 元 角 分
收款人:		
金额:		用途:　　科目(借):
用途:		对方科目:
备注:		上列款项从我账户内支付　付讫日期　　年　　月　　日
		出纳:　　记账:
单位主管:　　会计:		出票人盖章:　　复核:

（8）12 月 4 日，填写销售产品发票（见表 2-20）。向云海商店（个体经营者）出售 C 产品 100 件，单价 117 元，共收现金 11 700 元（百元面额货币 117 张），为其开出普通发票。

表 2-20 普通发票单据

南江市统一普通发货票

（印章：全国统一发票监制章 南江 地方税务局监制）

购货单位:　　　　年　　月　　日　　№100334

编　号	品　　名	单　位	数　量	单　价	金额 十	万	千	百	十	元	角	分
合计（人民币大写）:												

第一联：记账联

销售企业名称（盖章）　　会计:　　收款人:　　开票人:

（9）12 月 4 日，填写收款收据（见表 2-21）。收到仓库保管员王放责任赔款 327 元（所交货币百元面额 2 张、伍拾元面额 2 张、贰拾元面额 1 张、伍元面额 1 张、壹元面额 2 张），为其开出收款收据。

（10）12 月 4 日，填写收款收据（见表 2-22）。收到南江联云运输公司转账支票一张（见表 2-23），用以支付借用会议室的押金，为其开出收款收据。

表 2-21 收款收据

收 款 收 据

年 月 日

今收到：

交 来：

人民币（大写）： ￥：

收款单位（公章）：	收款人		交款人	

财务主管： 会计： 出纳： 复核：

第二联：记账联

表 2-22 收款收据

收 款 收 据

年 月 日

今收到：

交 来：

人民币（大写）： ￥：

收款单位（公章）：	收款人		交款人	

财务主管： 会计： 出纳： 复核：

第二联：记账联

表 2-23 收到转账支票单据

中国工商银行转账支票 支票号码：2100710

林晓

出票日期(大写) 贰零壹伍年壹拾贰月零肆日 开户行名称：市工行

出票人账号：263091874

本支票付款期十天

收款人：宝路有限责任公司

人民币（大写）：伍仟元整	千	百	十	万	千	百	十	元	角	分
				￥	5	0	0	0	0	0

用途：借用会议室押金 科目(借)：

对方科目：

上列款项从我账户内支付 付讫日期 年 月 日

南江联云运输公司 财务专用章 峰林印晓

出 纳： 记 账：

出票人盖章： 复 核：

（11）12月4日，填写进账单（见表2-24和表2-25），将当天收到的现金和支票送存银行。

表2-24 现金存款单回单单据

中国工商银行现金存款单（第一联回单）

年 月 日

存款单位	全 称		开户银行	
	账 号		款项来源	

人民币（大写）：	百	十	万	千	百	十	元	角	分

票 面	张 数	万	千	百	十	元	票 面	张 数	万	千	百	十	元	角	分	本存款单金额银行全部收讫
壹佰元							伍 角									
伍拾元							贰 角									
贰拾元							壹 角									
拾 元							伍 分									
伍 元							贰 分									收款员：
贰 元							壹 分									复 核：
壹 元							合 计									（收款银行盖章）

此联银行盖章后退回存款人

会计： 出纳： 记账： 复核：

表2-25 银行进账单单据

中国工商银行**进账单（回单）**

年 月 日 №

出票人	全 称		持票人	全 称	
	账 号			账 号	
	开户银行			开户银行	

人民币（大写）：	千	百	十	万	千	百	十	元	角	分

票据种类		
票据张数		
单位主管： 会计： 复核： 记账：		收款人开户银行盖章

此联银行盖章后退回持票人

（12）12月5日编制本月固定资产折旧计算表（见表2-26）。

（13）12月5日，填写“空白凭证申购单”（见表2-27）。准备购现金支票2本、单价20元，进账单2本、单价3元，银行信汇委托书1本、单价5元，委托收款凭证1本、单价5元，银行汇票申请书2本、单价7元。

表 2-26　固定资产折旧计算表

年　　月　　日

项　目			行　次	月初应提折旧	折　旧	
				固定资产原价（元）	月折旧率	折旧额（元）
生产车间	一车间	房屋及建筑物	1	911 000	1%	
		机器设备	2	737 000	5%	
		其他	3			
		小计	4			
	二车间	房屋及建筑物	5	500 000	1%	
		机器设备	6	91 000	5%	
		其他	7			
		小计	8			
管理部门	厂部	房屋及建筑物	9	74 000	1%	
		机器设备	10			
		其他	11	149 000	5%	
		小计	12			
合计		房屋及建筑物	13			
		机器设备	14			
		其他	15			
总计			16	2 462 000		

表 2-27　银行空白凭证申购单单据

中国工商银行

空白凭证申购单（代缴费回单）

年　　月　　日

账　号		凭证名称	本　数	单　价	金　额	手续费
单位名称						
		合　　计				
（付款人盖章）		合计金额（大写）:				

（14）12 月 6 日，填写“银行电汇委托书”（见表 2-28），向海昌公司汇款 80 000 元，用以支付前欠货款。海昌公司地址：吉林省同化市东陵路 74 号，开户银行：中国工商银

行同化市东陵路分理处，账号：23916-834711。

表 2-28　银行电汇凭证单据

中国工商银行电汇凭证（回单）

委托日期　　年　　月　　日　　　　编号：1000042

汇款人	全　称			收款人	全　称			此联是银行给汇款人的记账凭证
	账号地址				账号地址			
	汇出地点		汇出行名称		汇入地址		汇入行名称	
汇款金额	人民币（大写）					千百十万千百十元角分		
汇款用途				备注：	汇出行（盖章）			
上列款项已根据委托办理，如需查询，请持此单来行面洽。					年　月　日			
单位主管：		会计：		出纳：		记账：		

（15）12 月 6 日，填写并承兑商业承兑汇票（见表 2-29 至表 2-33）。根据 003017 号购货合同，购入乙材料并入库（二号库），财务科长要求开出商业承兑汇票用以付款，汇票到期日为 2016 年 2 月 6 日。

表 2-29　收到增值税发票单据

江苏增值税专用发票

发票联（全国统一发票监制章　国家税务总局监制）

4280998293　　　　№　00688035

开票日期：2015 年 12 月 4 日

购货单位	名　称	宝路有限责任公司			纳税人登记号	238011550834711	第二联：发票联　购货方记账凭证
	地址、电话	南江市临江路7号			开户银行及账号	工行临江路分理处92003721	
货物或应税劳务名称		计量单位	数量	单价	金额（千百十万千百十元角分）	税率（%）	税额（百十万千百十元角分）
乙材料		千克	20 000	5.00	10000000	17	1700000
合　计					¥10000000		¥1700000
价税合计（大写）		仟⊗佰壹拾壹万柒仟零百零拾零元零角零分					
销货单位	名　称	新驿市通用零件厂			纳税人登记号	110105262003428	
	地址、电话	新驿市东道里81号			开户银行及账号	工行新驿市分行8936-1132	
备注							

（印章：新驿市通用零件厂　增值税发票专用章）

销货单位（章）：　　收款人：李江　　复核人：刘环　　开票人：齐月

表 2-30 收到增值税发票单据

江苏增值税专用发票

全国统一发票监制章 国家税务总局监制

发 票 联

4280998293 № 00688035

开票日期：2015 年 12 月 4 日

购货单位	名称	宝路有限责任公司			纳税人登记号	238011550834711	
	地址、电话	南江市临江路7号			开户银行及账号	工行临江路分理处92003721	
货物或应税劳务名称	计量单位	数量	单价	金额（千百十万千百十元角分）	税率（%）	税额（百十万千百十元角分）	
乙材料	千克	20 000	5.00	10000000	17	1700000	
合计				¥10000000		¥1700000	
价税合计（大写）	仟⊗佰壹拾壹万柒仟零百零拾零元零角零分						
销货单位	名称	驿市通用零件厂			纳税人登记号	110105262003428	
	地址、电话	驿市东道里81号			开户银行及账号	工行新驿市分行8936-1132	
备注							

新驿市通用零件厂 增值税发票专用章

销货单位（章）： 收款人：李江 复核人：刘环 开票人：齐月

第三联：抵扣联 购货方交税务

表 2-31 货物入库单单据

入 库 单

收货单位： 年 月 日 №

货号	品名	计量单位	数量	单价	金额（元）十	万	千	百	十	元	角	分
合计												
备注												

仓库负责人： 保管员： 送货员：

第二联：交会计

表 2-32 商业汇票单据

中国工商银行**商业承兑汇票** № 6600239

签发日期 年 月 日

付款人	全称		收款人	全称		
	账号			账号		
	开户银行			开户银行		行号
汇票金额	人民币（大写）：					千 百 十 万 千 百 十 元 角 分
汇票到期日	（大写） 年 月 日		交易合同号码			
本汇票已经本单位承兑，到期无条件支付票款。 此致 承兑人盖章： 负责人： 经办人： 年 月 日			本汇票请付款人予以承兑，到期日付款利率为： 承兑申请人盖章： 负责人： 经办人：			此联由付款人存查

表 2-33 备用商业汇票单据

中国工商银行**商业承兑汇票** № 6600239

签发日期 年 月 日

付款人	全称		收款人	全称		
	账号			账号		
	开户银行			开户银行		行号
汇票金额	人民币（大写）：					千 百 十 万 千 百 十 元 角 分
汇票到期日	（大写） 年 月 日		交易合同号码			
本汇票已经本单位承兑，到期无条件支付票款。 此致 承兑人盖章： 负责人： 经办人： 年 月 日			本汇票请付款人予以承兑，到期日付款利率为： 承兑申请人盖章： 负责人： 经办人：			此联由收款人存查

（16）12 月 7 日，填写销售产品发票及委托收款书（见表 2-34 至表 2-37）。按销售合同规定，向兴兴公司发运 A 产品 1 000 件，单位售价 950 元、单位税额 161.50 元。现向银行办理托收货款手续（兴兴公司地址：天门市大四路 26 号，税务登记号：338006608397286，开户银行：中国工商银行天门市新城分行，账号：0093-321943）。

表 2-34　收到货运发票单据

南江市货物运输专用发票

（全国统一发票监制章　地方税务局监制）

委托单位：宝路有限责任公司　　2015 年 12 月 7 日　　编　号：2019746

受托人：南江联云运输公司　　到站：天门市大四路26号　　运单号：0040021

货物名称	件数	重量	包装	代垫费用 项目	万	千	百	十	元	角	分	托运费用 项目	十	万	千	百	十	元	角	分
A产品	10		箱	铁路		3	5	0	0	0	0	退运手续费								
				公路		1	3	0	0	0	0	仓储保管费								
				空运								包装费								
				水运								搬倒理货费								
记事：				服务费																
				保险费			2	0	0	0	0									
				合　计	¥	5	0	0	0	0	0	合　计								

总计（大写）：伍仟元整

收款单位盖章（南江联云运输公司 财务专用章）　　经办人：王丽

第二联：发票联

表 2-35　签发支票存根单据

中国工商银行转账支票存根
支票号码00236792
附加信息：
签发日期　2015年12月7日
收款人：南江联云运输公司
金额：5 000.00
用途：　代垫运费
备注
单位主管：刘金　　会计：张家明

（之印）

表 2-36 增值税发票单据

南江市增值税专用发票

全国统一发票监制章 国家税务局监制

发票联

2380998141 № 08312208

开票日期 年 月 日

购货单位	名称			纳税人登记号		
	地址、电话			开户银行及账号		
货物或应税劳务名称	计量单位	数量	单价	金额 千 百 十 万 千 百 十 元 角 分	税率（%）	税额 百 十 万 千 百 十 元 角 分
合计						
价税合计（大写）	仟 佰 拾 万 仟 佰 拾 元 角 分					
销货单位	名称			纳税人登记号		
	地址、电话			开户银行及账号		
备注						

第一联：存根联 留存备查

销货单位（章）： 收款人： 复核人： 开票人：

表 2-37 银行委托收款凭证单据

中国工商银行委托收款凭证（回单）

委托日期 年 月 日 编号：39004109

付款人	全称		收款人	全称		
	账号地址			账号地址		
	开户银行			开户银行		行号
托收金额	人民币（大写）：					千 百 十 万 千 百 十 元 角 分
款项内容		委托收款凭据名称		附单据张数或册数		
备注：		款项收妥日期： 年 月 日		收款人开户银行盖章 年 月 日		

此联是银行给收款人的记账凭证

单位主管： 会计： 出纳： 复核：

（17）12月8日，填写银行汇票申请书（见表2-38至表2-41），办理金额为48 000元的银行汇票一张，用于到海昌公司采购乙材料。

表 2-38 银行汇票凭证单据

中国工商银行汇票申请书（存　根）①

申请日期(大写)：　　年　　月　　日　　№ 002358

收款人			汇款人		
账号或地址			账号或地址		
兑付地点		兑付行	汇款用途		
汇票金额	人民币（大写）：			千 百 十 万 千 百 十 元 角 分	
备注：			财务主管：　复核：　经办：		

此联由汇款人留作记账传票

表 2-39 银行汇票凭证单据

中国工商银行

付款期壹个月

银行汇票 ②

№ 002358

出票日期（大写）： 年 月 日		兑付地点：	兑付行：	行号：	
收款人：					
出票金额	人民币（大写）：				
实际结算金额	人民币（大写）：			千 百 十 万 千 百 十 元 角 分	
汇款人：		账号或地址：			
出票行：		余额		科目（付）	
汇款用途：		百 十 万 千 百 十 元 角 分		对方科目（收）	
				兑付日期：　年　月　日	
出票行盖章：				复核：　记账：	

本汇票兑付行兑付后此联作联行往账付出传票，和解讫通知一并由汇款人自带

表 2-40 银行汇票凭证单据

中国工商银行

付款期壹个月

银行汇票(解讫通知) ③

№ 002358

出票日期（大写）： 年 月 日		兑付地点：	兑付行：	行号：	
收款人：					
出票金额	人民币（大写）：				
实际结算金额	人民币（大写）：			千 百 十 万 千 百 十 元 角 分	
汇款人：		账号或地址：			
出票行：		余额		科目（付）	
汇款用途：		百 十 万 千 百 十 元 角 分		对方科目（收）	
				兑付日期：　年　月　日	
出票行盖章：				复核：　记账：	

此联兑付行兑付后随报单寄签发行，由签发行作多余款收入传票

表 2-41 备用银行汇票凭证单据

中国工商银行			
付款期 壹个月	银行汇票（多余款收账通知）④		№ 002358
出票日期（大写）： 年 月 日		兑付地点： 兑付行： 行号：	
收款人：			
出票金额	人民币（大写）：		
实际结算金额	人民币（大写）：		千 百 十 万 千 百 十 元 角 分
汇款人：		账号或地址：	
出票行：		余额	科目（付）
汇款用途：		百 十 万 千 百 十 元 角 分	对方科目（收）
			兑付日期： 年 月 日
出票行盖章：			复核： 记账：

此联出票行结清后交汇款人的收账通知

（18）12月8日，填写固定资产验收单（见表2-42）。收到外商捐赠的不需安装的新设备一台，其市场价值为60 000元，预计使用5年，残值估计为800元，设备已交付使用，填制固定资产验收单。

表 2-42 固定资产验收单单据

年 月 日 №

名称	规格型号	来源	数量	购（造）价	使用年限	预计残值
安装费	月折旧率	建造单位		交工日期	附件	
验收部门		验收人员		管理部门		管理人员
备注：						

（19）12月9日，填写材料入库单和信汇委托书（见表2-43至表2-45）。从清林远航材料总厂购入丁材料，验收入库（一号库），填写信汇委托书以信汇方式支付所购材料款。

表 2-43 收到增值税发票单据

江苏增值税专用发票

全国统一发票监制章 国家税务总局监制

4280998141　　　　发　票　联　　　　№ 00718043

开票日期：2015 年 12 月 9 日

购货单位					
名 称	宝路有限责任公司		纳税人登记号	238011550834711	
地址、电话	南江市临江路7号		开户银行及账号	工行南江市临江路分理处92003721	

货物或应税劳务名称	计量单位	数量	单价	金额（千百十万千百十元角分）	税率（%）	税额（百十万千百十元角分）
丁材料	千克	5 000	20.00	1 0 0 0 0 0 0 0	17	1 7 0 0 0 0 0
合　计				¥ 1 0 0 0 0 0 0 0		¥ 1 7 0 0 0 0 0

价税合计（大写）	仟⊗佰壹拾壹万柒仟零佰零拾零元零角零分			
销货单位 名 称	清林远航材料总厂	纳税人登记号	110105265001489	
销货单位 地址、电话	清林市前桥206号	开户银行及账号	清林市前桥信用社44439520	
备注	清林远航材料总厂 增值税发票专用章			

销货单位（章）：　　　　收款人：江中丽　　复核人：岳林阳　　开票人：伍飞

第二联：发票联 购货方记账凭证

（第三联抵扣联略）

表 2-44 备用货物入库单单据

入　库　单

收货单位：　　　　年　　月　　日　　　　№

货 号	品 名	计量单位	数量	单 价	金额（元）十万千百十元角分
合　计					
备 注					

仓库负责人：　　　　保管员：　　　　送货员：

第二联：交会计

表 2-45　备用银行汇款凭证单据

中国工商银行信汇凭证（回单）

委托日期　　年　　月　　日　　　　编号：0006051

汇款人	全　称			收款人	全　称			此联是银行给汇款人的记账凭证
	账号地址				账号地址			
	汇出地点		汇出行名称		汇入地址		汇入行名称	
汇款金额	人民币（大写）					千百十万千百十元角分		
汇款用途				备注：	汇出行（盖章）			
上列款项已根据委托办理，如需查询，请持此单来行面洽。					年　月　日			

单位主管：　　会计：　　出纳：　　记账：

（20）12 月 10 日，编制职工福利费计提和分配表（见表 2-46 和表 2-47）。按 10%的比例补提上月漏提的职工福利费。

表 2-46　工资结算明细总表单据

2015 年 11 月　　　　单位：元

部　门	应付工资							代扣款项			房屋补贴	其他	实发金额
	标准工资	奖金	津　贴		扣　款		合计	房租	托儿费	小计			
			副食补贴	夜班津贴	病假	事假							
A 产品生产工人	10 500	5 000					15 500						15 500
B 产品生产工人	11 500	3 000					14 500						14 500
C 产品生产工人	11 000	1 000					12 000						12 000
一车间管理人员	10 000	4 000					14 000						14 000
二车间管理人员	10 000	4 000					14 000						14 000
厂　部	12 000	2 000					14 000						14 000
长病人员等													
合　计	65 000	19 000					84 000						84 000

表 2-47　应付福利费计提和分配表

年　　月　　日　　　　单位：元

部　门		计提基数			计提比率（%）	提取金额			合　计
		应付工资	其　他	工资总额		生产成本	制造费用	管理费用	
生产工人	A 产品								
	B 产品								
	C 产品								
车间管理人员	一车间								
	二车间								
厂　　部									
长病人员等									
合　　计									

5. 操作结果展示或说明

（1）填制的原始凭证均须由凭证上所要求的相关人员在凭证中签字（现可约定几位同学代签）。

（2）涉及收入现金的原始凭证，在收妥现金后，还应在凭证上加盖“现金收讫”印章；涉及付出现金的原始凭证，在付出现金后应在凭证上加盖“现金付讫”印章。

（3）对外开出的原始凭证要加盖本单位“财务财务专用章”，填写使用的支票还要在支票上再加盖本单位在银行预留的法人印章。

（4）宝路公司财务所使用的部分印章如下：

6. 课堂讨论与课后作业题

经过实际填制原始凭证的过程，请思考以下几个问题：

（1）填制原始凭证有什么重要作用?

（2）填制原始凭证主要注意哪些事项?

（3）重要的原始凭证填错后该如何处理？试举一两例说明。

（4）在填制原始凭证时可否根据企业管理需要，对凭证中的部分内容进行变通填写，如将时间提前或延后、改变数量与单价等？为什么？

2.2 审核原始凭证

1. 实训任务

按照审核和填制原始凭证的基本要求，对实训资料所给出的各项原始凭证进行审核，指出原始凭证中存在的问题，判断问题的存在是否会导致原始凭证无效，并提出存在问题原始凭证的处理方法。

2. 实训目的

通过审核原始凭证，进一步熟悉原始凭证填制的要求，掌握原始凭证审核的基本内容，从而较容易地发现原始凭证中存在问题，并在此基础上，基本掌握不符合要求的原始凭证的一般处理方法。

3. 知识准备

审核和填制原始凭证的基本要求，是审核原始凭证的基本准绳，是正确审核原始凭证、发现问题并判断问题严重程度的前提条件之一。因此，请参阅附录B《会计基础工作规范》，为顺利开展原始凭证的审核做好准备。

4. 实训资料与动手操作

宝路有限责任公司财务会计人员在12月1日至12月10日还填制和收受了以下原始凭证。

（1）12月1日收到达强有限责任公司交来一张用以支付货款的转账支票（见表2-48）。

（2）12月2日出纳员开出一张用于购买办公用品的转账支票（见表2-49）。

（3）12月3日从新驿市通用零件厂购入材料，取得增值税发票（第二联），如表2-50所示。

（4）12月3日宝路公司销售产品，开出增值税发票（见表2-51）。

（5）12月4日收到三号库交来一张修理用备件入库单（见表2-52）。

（6）12月6日一人持银行汇票（见表2-53）来公司购A产品。

表 2-48 收到转账支票

中国农业银行转账支票　　　　支票号码：080080

秦群

出票日期（大写）贰零壹伍年壹拾贰月　　日　　　　开户行名称：市农行

出票人账号：350025

本支票付款期十天

收款人：宝路有限责任公司

人民币（大写）：壹拾万零伍仟叁佰元	千	百	十	万	千	百	十	元	角	分
			1	0	5	3	0	0	0	0

用途：支付购货款　　　　科目（借）：

达强有限责任公司 财务专用章　　　　对方科目：

上列款项从我账户内支付　　　　付讫日期　　年　月　日

秦之印群　　　　出　纳：　　记　账：

出票人盖章：　　　　复　核：

① 请指出支票中存在的 4 处问题：

1）____________________

2）____________________

3）____________________

4）____________________

其中，第________个问题导致该支票无效。

② 处理方法：____________________

表 2-49 签发转账支票

中国工商银行转账支票存根

支票号码00800125

之唐印峻

附加信息：

出票日期：2015年12月2日

收款人：南江百货公司

金额：3 500.00

用途：购办公用品

备注：

单位主管：　　会计：

本支票付款期十天

中国工商银行转账支票　　　　支 票 号 码 00800125

出票日期（大写）贰零壹伍年壹拾贰月零贰日　开户行名称：市工行

出票人账号：92003721

收款人：南江百货公司

人民币（大写）：叁仟五佰元整	千	百	十	万	千	百	十	元	角	分
				¥	3	5	0	0	0	0
				~~¥~~	~~5~~	~~3~~	~~0~~	~~0~~	~~0~~	~~0~~

用途：购办公用品　　　　科目（借）：

宝路有限责任公司 财务专用章　　　　对方科目：

上列款项　　　　付讫日期　　年　月　日

之唐印峻　　　　出纳：　　记账：

出票人盖章：　　　　复核：

① 请指出支票中存在的 3 处问题：

1）______________________________

2）______________________________

3）______________________________

其中，第__________个问题导致该支票无效。

② 处理方法：______________________________

表 2-50　收到增值税专用发票

江苏增值税专用发票

全国统一发票监制章 国家税务总局监制

发　票　联

4280998293　　　　№　00688032

开票日期：2015 年 12 月 4 日

购货单位	名　称	宝路有限责任公司		纳税人登记号		238011550834711	
	地址、电话	南江市临江路7号		开户银行及账号		工行南江市临江路分理处92003721	
货物或应税劳务名称	计量单位	数量	单价	金额（千百十万千百十元角分）		税率（%）	税额（百十万千百十元角分）
丙材料		2000	500.00	10000000		17	1700000
合　计				￥10000000			￥1700000
价税合计（大写）	仟⊗佰壹拾壹万壹仟柒佰零拾零元零角零分						
销货单位	名　称	新驿市通用零件厂		纳税人登记号		110105262003428	
	地址、电话	新驿市东道里81号		开户银行及账号		工　行新驿市分行8936-1132	
备注							

销货单位（章）：新驿市通用零件厂 财务专用章　　收款人：李江　　复核人：刘环　　开票人：齐月

第二联：发票联　购货方记账凭证

（第三联抵扣联略）

① 请指出发票中存在的 3 处问题：

1）______________________________

2）______________________________

3）______________________________

其中，第__________个问题导致该发票无效。

② 处理方法：______________________________

表 2-51 开出增值税专用发票

南江市增值税专用发票

（全国统一发票监制章 国家税务总局监制）

2380998141 **发 票 联** № 08312207

开票日期：2015 年 12 月 3 日

购货单位	名　称	达强有限责任公司	纳税人登记号	238011550830419
	地址、电话	开发区一丁路165号	开户银行及账号	农业银行一丁路分行3569183

货物或应税劳务名称	计量单位	数量	单价	金额 千	百	十	万	千	百	十	元	角	分	税率（%）	税额 百	十	万	千	百	十	元	角	分
		10	9500.00				9	5	0	0	0	0	0	17			1	6	1	5	0	0	0
合　　计						¥	9	5	0	0	0	0	0			¥	1	6	1	5	0	0	0

价税合计（大写）	零仟零佰壹拾壹万壹仟壹佰伍拾零元零角零分			
销货单位	名　称	[illegible]路有限责任公司	纳税人登记号	238011550834711
	地址、电话	南江市临江路7号	开户银行及账号	工行南江市临江路分理处9200
备注				

（财务专用章）

销货单位（章）： 收款人：钱劲 复核人：张家明 开票人：张嵩

第二联：发票联 购货方记账凭证

（第三联抵扣联略）

① 请指出发票中所存在的 3 处问题：

1）________________

2）________________

3）________________

其中，第______个问题导致该发票无效。

② 处理方法：________________

表 2-52 填制入库单示例

入　库　单

收货单位：三号库 2015 年 12 月 3 日 №

货号	品名	计量单位	数量	单价	金额（元）十	万	千	百	十	元	角	分
	各种修理用备件					1	6	0	0	0	0	0
合　　计					¥	1	6	0	0	0	0	0
备　注												

仓库负责人： 保管员：刘司弗 送货员：王立彬

第二联：交会计

① 请指出入库单中所存在的 3 处问题：

1）____________________

2）____________________

3）____________________

其中，第________个问题导致入该入库单无效。

② 处理方法：____________________

表 2-53 收到银行汇票示例

中国农业银行

付款期 壹个月	银行汇票 ②		№ 3421097
出票日期（大写）	：贰零壹伍年壹拾壹月零叁日	兑付地点：南江市	兑付行：农业银行行号：702
收款人：宝路有限责任公司			
出票金额	人民币（大写）：玖拾万元整		
实际结算金额	人民币（大写）：		千 百 十 万 千 百 十 元 角 分
汇款人：达强有限责任公司		账号或地址：农行一丁路分行3569183开发区一丁路165号	
出票行：农业银行南江一丁路分行		余额	科目（付）
汇款用途：支付购货款		百 十 万 千 百 十 元 角 分	对方科目（收）
中国农业银行南江一丁路分行 转账结算专用章			兑付日期： 年 月 日
出票行盖章：			复核： 记账：

本汇票和解讫通知一并由汇款人自带，兑付行兑付后此联作联行往账付出传票

① 请指出收到的票据所存在的 3 处问题：

1）____________________

2）____________________

3）____________________

其中，第________个问题导致该票据无效。

② 处理方法：____________________

5. 操作结果展示或说明

（1）一题中问题存在于：日期、财务印章、大写金额、小写金额四个项目。其中“财务章”问题会导致支票无效，退回支票并要其重开。

（2）二题中问题存在于：印章、小写金额、大写金额三个项目。其中任一问题都可导致支票无效，应在其上加盖“作废”章并保存。

（3）三题中问题存在于：计量单位，数量、单价、金额间的关系，大小写金额的关系项目。其中“数量、单价、金额间的关系”与“大小写金额的关系”问题会导致发票无效，退回发票并要其重开。

（4）四题中问题存在于：商品名称、印章（一是应盖“增值税发票专用章”，二是印章中有的字字迹不清）项目。其中“印章”问题会导致发票无效，应在其上加盖“作废”章并保存。

（5）五题中问题存在于：货号、数量、单价、仓库负责人、品名项目。其中“品名”问题会导致入库单无效，应废弃并重填。

（6）六题中问题存在于：已过有效期、缺少银行汇票的“解讫通知”联、银行汇票应用于异地结算。所存在每一问题都会导致银行汇票无效，应拒绝接受。

6．课堂讨论与课后作业题

（1）原始凭证审核中应注意的首要问题是什么？

（2）为什么重要的原始凭证在作废后要加盖“作废”印章并保存？

（3）原始凭证的真实性审核历来是一个难题，如何才能确保原始凭证的真实性呢？

2.3　解读原始凭证

1．实训任务

对实训资料中给出的原始凭证进行分析，指出其所反映的经济业务，并对反映的经济业务做出简要的说明。

2．实训目的

通过解读原始凭证，进一步理解在一笔经济业务中几项原始凭证之间及前后经济业务之间的内在联系，正确理解和判断原始凭证所反映的经济业务，从而形成会计人员必须具备的职业判断能力。

3．知识准备

实训资料是按照每一笔经济业务所取得的原始凭证列示的，有的经济业务只涉及一张原始凭证，有的经济业务涉及若干张原始凭证，因此，请注意理解每笔经济业务中几项原始凭证之间的内在联系及其所反映的经济关系。

4．实训资料与动手操作

宝路有限责任公司在 12 月 10 日至 12 月 31 日因所发生的经济业务，产生和取得的部分原始凭证如下。

（1）12 月 10 日第一组原始凭证（见表 2-54 和表 2-55）。

表 2-54　开出普通发票示例

南江市统一普通发货票

（印章：全国统一发票监制章 南江市 地方税务局监制）

购货单位：市云海商店　　2015年 12 月 10 日　　№100352

编号	品名	单位	数量	单价	金额 十万	万	千	百	十	元	角	分
	C产品	件	90	117.00		1	0	5	3	0	0	0
合计（人民币大写）：壹万零伍佰叁拾元整					¥	1	0	5	3	0	0	0

第一联：记账联

（印章：宝路有限责任公司 财务专用章）（印章：现金收讫）

销售企业名称（盖章）　　会计：张家明　　收款人：钱劲　　开票人：张蓝

表 2-55　取得银行进账单回单示例

中国工商银行现金存款单（第一联回单）

2015 年 12 月 10 日

存款单位	全称	宝路有限责任公司	开户银行	工行南江市临江路分理处
	账号	92003721	款项来源	销货款

人民币（大写）：壹万零伍佰叁拾元整　　百 十 万 千 百 十 元 角 分：¥ 1 0 5 3 0 0 0

票面	张数	万	千	百	十	元	票面	张数	万	千	百	十	元	角	分
壹佰元	100	1	0	0	0	0	伍角								
伍拾元	10			5	0	0	贰角								
贰拾元							壹角								
拾元	3				3	0	伍分								
伍元							贰分								
贰元							壹分								
壹元							合计		1	0	5	3	0	0	0

本存款单金额银行全部收讫

（印章：中国工商银行 南江市临江路分理处 收讫）

收款员：

复核：

（收款银行盖章）

此联银行盖章后退回存款人

会计：张家明　　出纳：钱劲　　记账：　　复核：

本组原始凭证所反映的经济业务是：________________________________

____

（2）12 月 10 日第二组原始凭证（见表 2-56）。

表 2-56　取得银行借款凭证示例

借　款　凭　证（回单）

2015 年 12 月 10 日

借款单位名称	宝路有限责任公司	贷款户账号	4462-401
		存款户账号	92003721
借款金额	人民币（大写）：柒拾万元整	金额（亿千百十万千百十元角分）	¥70000000
借款用途	购置设备	约定偿还期限	2016年12月10日
上列借款已核准发放并转入你单位账户。 银行盖章：		备注：	

中国工商银行 南江市临江路分理处 转讫

此联银行盖章后交借款人

本组原始凭证所反映的经济业务是：________________________________

____

（3）12 月 10 日第三组原始凭证（见表 2-57）。

表 2-57　签发支票存根示例

中国工商银行现金支票存根

支票号码00500412

附加信息：

出票日期：2015年12月10日

收款人：宝路有限责任公司

金额：6 000.00

用途：零星支出

备注：

单位主管：刘金　会计：张家明

之印

本组原始凭证所反映的经济业务是：________________________________

____

（4）12月10日第四组原始凭证（见表2-58和表2-59）。

表2-58　开出专用增值税发票示例

南江市增值税专用发票

全国统一发票监制章 国家税务总局监制

发　票　联

2380998141　　　　　　　　　　№　08312210

开票日期 2015年12月9日

购货单位 名称	达强有限责任公司	纳税人登记号	238011550830419
购货单位 地址、电话	南江市技术开发区一丁路165号	开户银行及账号	农业银行南江一丁路分行356918３

货物或应税劳务名称	计量单位	数量	单价	金额 千	百	十	万	千	百	十	元	角	分	税率（%）	税额 百	十	万	千	百	十	元	角	分
A产品	件	100	950.00				9	5	0	0	0	0	0	17			1	6	1	5	0	0	0
合计						¥	9	5	0	0	0	0	0			¥	1	6	1	5	0	0	0

价税合计（大写）	仟⊗佰壹拾壹万壹仟壹佰伍拾零元零角零分		
销货单位 名称	宝路有限责任公司	纳税人登记号	238011550834711
销货单位 地址、电话	南江市临江路7号	开户银行及账号	工行南江市临江路分理处9200
备注	宝路有限责任公司 增值税发票专用章		

第四联：记账联　售货方记账凭证

销货单位（章）：　　收款人：钱劲　　复核人：张家明　　开票人：张蕊

表2-59　取得进账单回单示例

中国工商银行进账单（回单）

2015年12月10日　　　　　　№

出票人	全称	达强有限责任公司	持票人	全称	宝路有限责任公司
出票人	账号	356918３	持票人	账号	92003721
出票人	开户银行	农业银行南江一丁路分行	持票人	开户银行	工行南江市临江路分理处
人民币（大写）	：壹拾壹万壹仟壹佰伍拾元整			千 百 十 万 千 百 十 元 角 分	¥ 1 1 1 1 5 0 0 0
票据种类	转账支票		中国工商银行 南江市临江路分理处 收讫		
票据张数	壹张				
单位主管 刘金　会计 钱劲　复核　记账			收款人开户银行盖章		

此联银行盖章后退回持票人

本组原始凭证所反映的经济业务是：________________________________

____

（5）12月11日第五组原始凭证（见表2-60至表2-63）。

表 2-60 签发支票存根示例

中国工商银行转账支票存根

支票号码00800130

附加信息：

签发日期 2015年12月10日

收款人：南江铁路货运站

金额：6 910.00

用途： 代垫运费

备注

单位主管：刘金 会计：张家明

表 2-61 取得委托货运运单示例

货 票

№081006

铁路承运日期：2015 年 12 月 10 日 承运凭证：发站发货人报销用

发 站	南 江 市		到站（局）	河南新安市	车种车号	（平）9004002	货车标重	标准化
托运人	名称	宝路有限责任公司			施封号码	309333002		
托运人	住址	南江市临江路7号	电话	80027676	铁路货车篷布号码	489213		
收货人	名称	河南农业机械厂			集装箱号码			
收货人	住址	新安市多兴路224号	电话	37509673	经 由		运输里程	
货物名称	件数	包装	货物重量（公斤） 托运人确认	货物重量（公斤） 承运人确认	计费重量	运价	运价率	支付 费 别 / 金额（元）
A产品	200	木箱						运 费 6 200.00
								装卸费 710.00
								包装费
								过称费
								保险费
合 计	人民币（大写）：陆仟玖佰壹拾元整						小 写	¥6 910.00
记 事								

南江市铁路三分局货运段 货运收款专用章 南江站

铁路承运单位盖章： 经办人：焦点

表 2-62　开出增值税专用发票示例

南江市增值税专用发票

（全国统一发票监制章　国家税务总局监制）

2380998141　　　　发　票　联　　　　№　08312209

开票日期：2015 年 12 月 11 日

购货单位	名　称	河南农业机械厂	纳税人登记号	345500333510299
	地址、电话	新安市多兴路224号	开户银行及账号	工商银行新安市分行0024883l2

货物或应税劳务名称	计量单位	数量	单价	金额 千	百	十	万	千	百	十	元	角	分	税率（%）	税额 百	十	万	千	百	十	元	角	分
A产品	件	200	950.00			1	9	0	0	0	0	0	0	17			3	2	3	0	0	0	0
合　计					¥	1	9	0	0	0	0	0	0			¥	3	2	3	0	0	0	0

价税合计（大写）	仟⊗佰贰拾贰万贰仟叁佰零拾零元零角零分			
销货单位	名　称	宝路有限责任公司	纳税人登记号	238011550834711
	地址、电话	南江市临江路7号	开户银行及账号	工行南江市临江路分理处92003721
备注	（宝路有限责任公司　增值税发票专用章）			

销货单位（章）：　　收款人：钱劲　　复核人：张家明　　开票人：张嵩

第四联：记账联　售货方记账凭证

表 2-63　取得银行委托收款回单示例

中国工商银行委托收款凭证（回单）

委托日期贰零壹伍 年壹拾贰月壹拾壹日　　　　编号:39004112

付款人	全　称	河南农业机械厂	收款人	全　称	宝路有限责任公司
	账号地址	0024883l2		账号地址	92003721
	开户银行	中国工商银行新安市分行		开户银行	工行南江市临江路分理处　行号 6577

托收金额	人民币（大写）	千	百	十	万	千	百	十	元	角	分
	:贰拾贰万玖仟贰佰壹拾元整		¥	2	2	9	2	1	0	0	0

款项内容	货款、代垫运费	委托收款凭据名称	发票、货运提货单	附寄单据张数或册数	3张
备注：		款项收妥日期：　年　月　日		收款人开户银行盖章（中国工商银行 南江市临江路分理处 收讫）2015 年 12 月 11 日	

单位主管：刘金　　会计：　　出纳：钱劲　　复核：

此联是银行给收款人的记账凭证

本组原始凭证所反映的经济业务是：________________________________

____

（6）12 月 11 日第六组原始凭证（见表 2-64）。

表 2-64 取得银行汇款回单示例

中国工商银行电汇凭证（回单）

委托日期贰零壹伍年壹拾贰月壹拾壹日 编号：1000044

汇款人	全 称	宝路有限责任公司		收款人	全 称	海昌公司		此联是银行给汇款人的记账凭证
	账号地址	920003721			账号地址	23916-834711		
	汇出地点	南江市临江路	汇出行名称：工行南江市临江路分理处		汇入地址	吉林同化市东陵路	汇入行名称：工行东陵路分理处	
汇款金额	人民币（大写）	：捌万元整				千百十万千百十元角分 ¥8000000		
汇款用途	：还欠款			备注：		汇出行（盖章） 中国工商银行 南江市临江路 分理处 付讫 2015年 12 月 11 日		
上列款项已根据委托办理，如需查询，请持此单来行面洽。								

单位主管：刘金 会计：张家明 出纳：钱劲 记账：

本组原始凭证所反映的经济业务是：____

____

（7）12 月 14 日第七组原始凭证（见表 2-65 至表 2-69）。

表 2-65 收到银行委托收款付款通知单示例

中国工商银行委托收款凭证（付款通知单）

委托日期贰零壹伍年壹拾贰 月壹拾贰日 编号：219068021

付款人	全 称	宝路有限责任公司	收款人	全 称	沈阳机床总厂		此联是银行给付款人的付款通知凭证
	账号地址	92003721		账号地址	1936-0985		
	开户银行	工行南江市临江路分理处		开户银行	中国工商银行太原街分行	行号 337	
托收金额	人民币（大写）	：伍拾捌万捌仟捌佰伍拾元整			千百十万千百十元角分 ¥58885000		
款项内容	货款、代垫运费		委托收款凭据名称	发票、货运单、提货单等	附单据张数或册数	4张	
备注：付款人如有异议，请在三日内向银行提出拒付理由书。	款项支付日期：中国工商银行 南江市临江路 分理处 转讫 2015年12月14日				收款人开户银行盖章 中国工商银行 沈阳太原街分行 转账结算专用章 2015年 12 月 12 日		

单位主管： 会计： 出纳： 复核：

表 2-66　收到铁路运输货运货票示例

货　票

№25480012

铁路承运日期：2015 年 12 月 11 日　　　　承运凭证：发站发货人报销用

发　站		沈阳市	到站（局）	南江市	车种车号	（平）9002045	货车标重	标准化
托运人	名称	沈阳机床总厂			施封号码	3093330958		
	住址	太原街108号	电话	4448906	铁路货车篷布号码	43492190		
收货人	名称	宝路有限责任公司			集装箱号码			
	住址	南江市临江路7号	电话	80027676	经　由		运输里程	
货物名称	件数	包装	货物重量（公斤）托运人确认	货物重量（公斤）承运人确认	计费重量	运价	运价率	支付 费别 / 金额（元）
机床	5	木箱						运　费　8 200.00
								装卸费　1 500.00
								包装费
								过称费
								保险费
合　计	人民币（大写）：玖仟柒佰元整							小　写　¥9 700.00
记　事								

铁路承运单位盖章：　　　　经办人：

沈阳铁路局沈阳站货运段 货运收款专用章

表 2-67　收到铁路运输货运提货单示例

提　货　单

№25480012

铁路承运日期：2015 年 12 月 11日　　　　承运凭证：收货人提货用

发　站		沈阳市	到站（局）	南江市	车种车号	（平）9002045	货车标重	标准化
托运人	名称	沈阳机床总厂			施封号码	3093330958		
	住址	太原街108号	电话	4448906	铁路货车篷布号码	43492190		
收货人	名称	宝路有限责任公司			集装箱号码			
	住址	南江市临江路7号	电话	80027676	经　由		运输里程	
货物名称	件数	包装	货物重量（公斤）托运人确认	货物重量（公斤）承运人确认	计费重量	运价	运价率	支付 费别 / 金额（元）
机床	5	木箱						运　费　8 200.00
								装卸费　1 500.00
								包装费
								过称费
								保险费
合　计	人民币（大写）：玖仟柒佰元整							小　写　¥9 700.00
记　事	收货人请在收到提货单后的三日内到铁路货运站提货。							

沈阳铁路局沈阳站货运段 货运收款专用章

铁路承运单位盖章：　　　　经办人：

表 2-68 收到增值税专用发票示例

辽宁增值税专用发票

（全国统一发票监制章 国家税务总局监制）

发 票 联

6523290908 №21080503

开票日期 2015 年 12 月 12 日

购货单位	名 称	宝路有限责任公司	纳税人登记号	238011550834711
	地址、电话	南江市临江路7号	开户银行及账号	工行南江市临江路分理处92003721

货物或应税劳务名称	计量单位	数量	单价	金额 千	百	十	万	千	百	十	元	角	分	税率（%）	税额 百	十	万	千	百	十	元	角	分
立式铣床	台	5	99 000.00			4	9	5	0	0	0	0	0	17			8	4	1	5	0	0	0
合 计					¥	4	9	5	0	0	0	0	0			¥	8	4	1	5	0	0	0

价税合计（大写） 仟⊗佰伍拾柒万玖仟壹佰伍拾零元零角零分

销货单位	名 称	沈阳机床总厂	纳税人登记号	410195222009423
	地址、电话	沈阳市太原街108号	开户银行及账号	工 行太原街分行1936-0985
备注	（沈阳机床总厂 增值税发票专用章）			

销货单位（章）： 收款人：江有水 复核人：王立章 开票人：洗之浩

第二联：发票联 购货方记账凭证

表 2-69 收到增值税专用发票示例

辽宁增值税专用发票

（全国统一发票监制章 国家税务总局监制）

发 票 联

6523290908 №21080503

开票日期 2015 年 12 月 12 日

购货单位	名 称	宝路有限责任公司	纳税人登记号	238011550834711
	地址、电话	南江市临江路7号	开户银行及账号	工行南江市临江路分理处92003721

货物或应税劳务名称	计量单位	数量	单价	金额 千	百	十	万	千	百	十	元	角	分	税率（%）	税额 百	十	万	千	百	十	元	角	分
立式铣床	台	5	99 000.00			4	9	5	0	0	0	0	0	17			8	4	1	5	0	0	0
合 计					¥	4	9	5	0	0	0	0	0			¥	8	4	1	5	0	0	0

价税合计（大写） 仟⊗佰伍拾柒万玖仟壹佰伍拾零元零角零分

销货单位	名 称	沈阳机床总厂	纳税人登记号	410195222009423
	地址、电话	沈阳市太原街108号	开户银行及账号	工 行太原街分行1936-0985
备注	（沈阳机床总厂 增值税发票专用章）			

销货单位（章）： 收款人：江有水 复核人：王立章 开票人：洗之浩

第三联：抵扣联 购货方交税务

本组原始凭证所反映的经济业务是：________________________________

____

（8）12 月 14 日第八组原始凭证（见表 2-70 至表 2-71）。

表 2-70　收到银行委托收款付款通知单示例

中国工商银行委托收款凭证（付款通知单）

委托日期贰零壹伍年 壹拾贰月壹拾贰日　　　　编号：42009003

付款人	全　称	宝路有限责任公司	收款人	全　称	南江市电信公司	
	账号地址	92003721		账号地址	13900354	
	开户银行	工行南江市临江路分理处		开户银行	中国工商银行南江市 双轨路分行	行号 409
托收金额	人民币（大写）	陆仟肆佰壹拾贰元整			千百十万千百十元角分	¥ 6 4 1 2 0 0
款项内容	话费	委托收款凭据名称	发票	附单据张数或册数	贰	
备注：款项已从你账户转出。		款项支付日期：（中国工商银行南江市临江路分理处 转讫）2015年 12月 14日		收款人开户银行盖章（中国工商银行南江市双轨路分理处 转讫）2015年 12 月 12 日		

单位主管：　　　会计：　　　出纳：　　　复核：

此联是银行给付款人的付款通知单

表 2-71　收到事业收费发票示例

南江市服务收费统一发票

（南江市地方税务局监制）

发　票　联

付款单位（个人）：宝路有限责任公司　　2015年 12 月 10 日　　编号：340012

企业所属行业	邮政通信业--（固定电话）	税务登记号	210202726011227
收费项目：2015年11月5日至12月5日市话费 2 401.40元 长话费 4 010.60元			
人民币（大写）：陆仟肆佰壹拾贰元整		（小写）¥：6 412.00	
备　注	收费固定电话号码：80027676、80027677、80027678、80027679		

（南江市电信公司 财务专用章）

第二联：付款人报销凭证

本组原始凭证所反映的经济业务是：________________________________

____

（9）12 月 15 日第九组原始凭证（见表 2-72 和表 2-73）。

表 2-72 收到服务收费发票示例

南江市服务收费统一发票

发 票 联

付款单位（个人）：宝路有限责任公司　　2015 年 12 月 14 日　　编号：3183201

企业所属行业	文化传播--（博览公司）	税务登记号	210202025690131 0
收费项目：2015年12月1日至2016年1月30日展台租赁费（6 500.00元）。			
人民币（大写）：陆仟伍佰元整		（小写）￥:6 500.00	
备 注	合同号：BLZH 22733		

第二联：付款人报销凭证

收款单位（盖章）：　　收款人：秦河怡　　开票人：于清

（印章：南江市集翠博览有限公司 财务专用章；南江市地方税务局监制）

表 2-73 签发支票存根示例

中国工商银行转账支票存根

支票号码00236794

附加信息：

签发日期 2015年12月12日

收款人:	南江市集翠博览有限公司
金额:	6 500.00
用途:	展台租费
备注	

单位主管：刘金　　会计：张家明

本组原始凭证所反映的经济业务是：____

（10）12 月 15 日第十组原始凭证（见表 2-74）。

（11）12 月 15 日第十一组原始凭证（见表 2-75）。

表 2-74　填制货物入库单示例

入　库　单

收货单位：一号库　　　　2015年　12 月 26 日　　　　№

货号	品　名	计量单位	数量	单　价	金额（元）十	万	千	百	十	元	角	分
	立式铣床	台	5	117 770.00		5	8	8	8	5	0	0	0
合　计						5	8	8	8	5	0	0	0
备　注	购入设备											

第二联：交会计

仓库负责人：张家著　　保管员：林茹　　送货员：陈至军

本组原始凭证所反映的经济业务是：____

____

表 2-75　收到银行委托收款通知单示例

中国工商银行委托收款凭证(收款通知单)

委托日期贰零壹伍 年壹拾贰月壹拾壹日　　　　编号:39004112

付款人	全　称	河南农业机械厂	收款人	全　称	宝路有限责任公司	
	账号地址	002488312		账号地址	92003721	
	开户银行	中国工商银行新安市分行		开户银行	工行南江市临江路分理处	行号 6577
托收金额	人民币（大写）	:贰拾贰万玖仟贰佰壹拾元整				千 百 十 万 千 百 十 元 角 分：¥ 2 2 9 2 1 0 0 0（百位 ¥）
款项内容	贷款、代垫运费	委托收款凭据名称	发票、货运提货单	附单据张数或册数		3张
备注:款项已收妥并存入您公司账户		款项收妥日期：2015年 12 月 15 日		收款人开户银行盖章 2015 年 12 月 11 日		

（印章：中国工商银行 南江市临江路 分理处 收讫）（印章：中国工商银行 南江市临江路 分理处 转讫）

此联是银行给收款人的收款通知凭证

单位主管：刘金　　会计：　　出纳：钱劲　　复核：

本组原始凭证所反映的经济业务是：____

____

（12）12 月 15 日第十二组原始凭证（见表 2-76）。

表 2-76 填制借款单示例

借 款 单

2015 年 12 月 15 日 计量单位：人民币元

工作单位	姓名	申请金额	批准金额	备注：
供销科	韩琴	4 500.00	4 500.00	
借款金额（大写）：肆仟伍佰元整		￥：4 500.00		
借款理由	前往沈阳采购材料差旅费	预计还款时间：2015 年 12 月 27 日 现金付讫 钱劲		

第二联：记账联

批准人：刘金 审核：张家明 借款人：韩琴 出纳：

本组原始凭证所反映的经济业务是：________________

____

（13）12 月 16 日第十三组原始凭证（见表 2-77）。

表 2-77 收到银行汇款凭证示例

中国工商银行信汇凭证

委托日期贰零壹伍年壹拾贰月零玖日 编号：3002380

汇款人	全称	天门兴兴公司		收款人	全称	宝路有限责任公司	
	账号地址	0093-321943			账号地址	920003721	
	汇出地点	天门市新城区	汇出行名称：工行天门新城分行		汇入地址	南江市临江路	汇入行名称：工行临江路分理处
汇款金额	人民币（大写）	：壹拾捌万元整				千百十万千百十元角分	￥18000000
汇款用途	：还欠款		汇入行（盖章） 中国工商银行南江市临江路分理处 转讫 2015年12月15日		汇出行（盖章） 中国工商银行天门市新城区分行 转讫 2015年12月9日		
上列款项已划转入你单位账户，如需查询，请持此单来行面洽。							

此联是汇入行交收款人的收款通知单

单位主管：海泾 会计：鲁山林 出纳：梅一枝 记账：

本组原始凭证所反映的经济业务是：________________

____

（14）12 月 16 日第十四组原始凭证（见表 2-78 至表 2-80）。

表 2-78 填制银行汇票申请书示例

中国工商银行汇票申请书（存 根）①

申请日期 贰零壹伍 年 壹拾贰月 壹拾陆日　　№ 002359

收 款 人	上海洛飞轧钢股份有限公司	汇 款 人	宝路有限责任公司
账 号 或 地 址	上海新霞路分行947777308	账 号 或 地 址	南江市临江路分理处920003721
兑付地点	上海市　兑付行 工行	汇款用途	采购材料
汇票金额	人民币（大写）：叁拾陆万元整	千 百 十 万 千 百 十 元 角 分	¥ 3 6 0 0 0 0 0 0
备注：		财务主管： 刘金　复核：　经办：钱劲	

此联由汇款人留作记账传票

中国工商银行南江市临江路 分理处 票据专用章

表 2-79 填制银行汇票申请书示例

中国工商银行

付款期 壹个月

银 行 汇 票 ②　　№ 002359

出票日期（大写）	贰零壹伍年壹拾贰月壹拾陆日	兑付地点：上海　兑付行：工商银行　行号：0144	
收 款 人：	上海洛飞轧钢股份有限公司		
出票金额	人民币（大写）：叁拾陆万元整		
实际结算金额	人民币（大写）：	千 百 十 万 千 百 十 元 角 分	
汇 款 人：	宝路有限责任公司	账号或地址：	南江市临江路分理处92003721
出 票 行：	工行南江市临江路分理处	余额	科目（付）
汇款用途：	采购材料	百 十 万 千 百 十 元 角 分	对方科目（收）
			兑付日期：　年　月　日
出票行盖章：			复核：　记账：

本汇票和解讫通知一并由汇款人自带，兑付行兑付后此联作联行往账付出传票

中国工商银行南江市临江路 分理处 票据专用章

表 2-80　填制银行汇票申请书示例

中国工商银行

付款期壹个月

银行汇票（解讫通知）③　№ 002359

出票日期（大写）	贰零壹伍年壹拾贰月壹拾陆日	兑付地点：上海　兑付行：工商银行　行号：0144	
收　款　人：上海洛飞轧钢股份有限公司			
出票金额	人民币（大写）	：叁拾陆万元整	
实际结算金额	人民币（大写）	：	千 百 十 万 千 百 十 元 角 分
汇款人：宝路有限责任公司		账号或地址：南江市临江路分理处92003721	
出票行：工行南江市临江路分理处		余额	科目（付）
汇款用途：采购材料		百 十 万 千 百 十 元 角 分	对方科目（收）
			兑付日期：　年　月　日
出票行盖章：			复核：　记账：

此联兑付行兑付后随报单寄签发行，由签发行作多余款收入传票

本组原始凭证所反映的经济业务是：______________________________

____

（15）12 月 17 日第十五组原始凭证（见表 2-81 和表 2-82）。

表 2-81　取得资产评估报告示例

资产评估报告书

2015年 12 月 12 日

宝路有限责任公司：

清林远航材料总厂：

依据《国有资产评估管理办法》，对清林远航材料总厂的丁材料加工专利权按现行市价进行评估。评估前价值为40 000元，评估后确认价值为60 000元。

（以下空白）

中国注册会计师：王忠禹	中国注册会计师：张开新
评　　估　　员：陈述江	评　　估　　员：李会江
南江联华会计师事务所	清林诚信会计师事务所
2015年12月13日	2015年12月12日

表 2-82 取得资产评估报告示例

无形资产投资转移单

接受单位：宝路有限责任公司

投出单位：清林远航材料总厂

转移原因	投　资	评估价值（人民币大写）	伍万元整
资产名称	丁材料加工专利	摊余价值（人民币大写）	肆万贰仟元整

投出单位：清林远航材料总厂	接受单位：宝路有限责任公司
法人代表：金日明 [明金印日]	法人代表：唐峻 [之唐印峻]
财务科长：段玉明	财务科长：刘金
日　期：2015年12月16日	日　期：2015年12月17日
（清林远航材料总厂 ★）	（宝路有限责任公司 ★）

备注：

本组原始凭证所反映的经济业务是：________________________________

____

（16）12 月 17 日第十六组原始凭证（见表 2-83 至表 2-85）。

表 2-83 收到事业收费发票示例

南江市服务收费统一发票

（南江市地方税务局监制）

发　票　联

付款单位（个人）：宝路有限责任公司　2015年 12 月 16 日　总　编号：340403

企业所属行业	文化传播--（报社）	税务登记号	210202726090045O
收费项目：2015年12月20日至2016年2月20日广告费（16 000.00元）。			
人民币（大写）：壹万陆仟元整			￥：16 000.00
备　注	合同号：XD800453		

（南江市集翠晚报社 财务专用章）

收款单位（盖章）：　收款人：朴实冲　开票人：王珊妹

表 2-84　签发支票存根示例

中国工商银行转账支票存根
支票号码00236795
附加信息：
出票日期：2015年12月12日
收款人：南江市集翠晚报社
金额：16 000.00
用途：广告费
备注：
单位主管：刘金　会计：张家明

表 2-85　编制费用摊销表示例

广告费摊销计算表

2015年12月17日

摊销期限	摊销金额(元)
2015年12月20日--------2015年12月31日	2 700.00
2016年1月1日 --------2016年1月31日	8 000.00
2016年2月1日 ---------2016年2月20日	5 300.00
合　　　　计	16 000.00

财务主管：刘金　　　制表：张家明　　　复核：钱劲

本组原始凭证所反映的经济业务是：________________

____

（17）12 月 17 日第十七组原始凭证（见表 2-86 至表 2-89）。

表 2-86 收到增值税专用发票示例

南江市增值税专用发票

全国统一发票监制章 国家税务总局监制

发 票 联

2380998141 №02088001

开票日期 2015 年 12 月 17 日

购货单位				
名 称	宝路有限责任公司	纳税人登记号	238011550834711
地址、电话	南江市临江路7号	开户银行及账号	工行南江市临江路分理处92003721

货物或应税劳务名称	计量单位	数量	单价	金额（千百十万千百十元角分）	税率（%）	税额（百十万千百十元角分）
水泥	吨	5	957.26	4 7 8 6 3 2	17	8 1 3 6 8
合 计				¥ 4 7 8 6 3 2		¥ 8 1 3 6 8
价税合计（大写）	仟 佰 拾⊗万伍仟陆佰伍拾零元零角零分					

销货单位				
名 称	南江水泥二厂	纳税人登记号	410195222009423
地址、电话	南江市城郊杏林路81号	开户银行及账号	工 行杏林路分行93009411
备注	南江水泥二厂 增值税发票专用章		

销货单位（章）： 收款人：林中叶 复核人：章立华 开票人：沈有水

第二联：发票联 购货方记账凭证

表 2-87 收到增值税专用发票示例

南江市增值税专用发票

全国统一发票监制章 国家税务总局监制

发 票 联

2380998141 №02088001

开票日期 2015 年 12 月 17 日

购货单位				
名 称	宝路有限责任公司	纳税人登记号	238011550834711
地址、电话	南江市临江路7号	开户银行及账号	工行南江市临江路分理处92003721

货物或应税劳务名称	计量单位	数量	单价	金额（千百十万千百十元角分）	税率（%）	税额（百十万千百十元角分）
水泥	吨	5	957.26	4 7 8 6 3 2	17	8 1 3 6 8
合 计				¥ 4 7 8 6 3 2		¥ 8 1 3 6 8
价税合计（大写）	仟 佰 拾⊗万伍仟陆佰伍拾零元零角零分					

销货单位				
名 称	南江水泥二厂	纳税人登记号	410195222009423
地址、电话	南江市城郊杏林路81号	开户银行及账号	工 行杏林路分行93009411
备注	南江水泥二厂 增值税发票专用章		

销货单位（章）： 收款人：林中叶 复核人：章立华 开票人：沈有水

第三联：抵扣联 购货方交税务

表 2-88 填制货物入库单示例

入 库 单

收货单位：一号库　　2015年 12 月 17 日　　№

货号	品名	计量单位	数量	单价	金额（元）							
					十	万	千	百	十	元	角	分
	水泥	吨	5	1 120.00			5	6	0	0	0	0
合计						￥	5	6	0	0	0	0
备注												

第二联：交会计

仓库负责人：张家若　　保管员：林茹　　送货员：陈至军

表 2-89 填制货物出库单示例

出 库 单

发货单位：一号库　　2015年 12 月 17 日　　№

货号	品名	数量	单位	单价	金额（元）
	水泥	5	吨	1 120.00	5 600.00
合计					5 600.00
备注	安装铣床设备用				

第二联：交会计

仓库负责人：张家若　　保管员：林茹　　领货员：张军

本组原始凭证所反映的经济业务是：____________________

（18）12 月 17 日第十八组原始凭证（见表 2-90）。

表 2-90　填制货物出库单示例

出　　库　　单

发货单位：一号库　　　　2015年　12 月 17 日　　　　№

货　号	品　　名	数　量	单　位	单　价	金　额（元）
	立式铣床	5	台	117 770.00	588 850.00
合		计			588 850.00
备　注	进行设备安装				

第二联：交会计

仓库负责人：张家若　　　保管员：林茹　　　　领货员：建功业

本组原始凭证所反映的经济业务是：________________________________

____

（19）12 月 18 日第十九组原始凭证（见表 2-91）。

表 2-91　取得银行汇款回单示例

中国工商银行电汇凭证（回单）

委托日期贰零壹伍年壹拾贰月壹拾捌日　　　　编号：1000045

汇款人				收款人			
汇款人	全　称	宝路有限责任公司		收款人	全　称	宝路有限责任公司	
汇款人	账号地址	920003721		收款人	账号地址	32409-409001	
汇款人	汇出地点	南江市临江路	汇出行名称：工行临江路分理处	收款人	汇入地址	山西太原市内环路	汇入行名称：工行内环路分行

汇款金额	人民币（大写）	千	百	十	万	千	百	十	元	角	分
	:壹拾贰万元整		¥	1	2	0	0	0	0	0	0

汇款用途	:临时采购账户存款	备注：	汇出行（盖章）中国工商银行南江市临江路分理处 转讫 2015年 12 月 18日
上列款项已根据委托办理，如需查询，请持此单来行面洽。			

此联是银行给汇款人的记账凭证

单位主管：刘金　　　会计：张家明　　　出纳：钱劲　　　记账：

本组原始凭证所反映的经济业务是：________________________________

____

（20）12 月 20 日第二十组原始凭证（见表 2-92）。

表 2-92 签发支票存根示例

中国工商银行转账支票存根
支票号码00236796
附加信息：
签发日期 2015年12月20日
收款人：南江水泥二厂
金额：5 600.00
用途：支付欠款
备注
单位主管：刘金 会计：张家明

本组原始凭证所反映的经济业务是：______________________

____

（21）12 月 21 日第二十一组原始凭证（见表 2-93 和表 2-94）。

表 2-93 收到银行委托收款付款通知单示例

中国工商银行委托收款凭证（付款通知单）

委托日期 2015 年 12 月 18 日 编号：4200434439

付款人	全称	宝路有限责任公司	收款人	全称	南江市环境监理站	
	账号地址	92003721		账号地址	13900301	
	开户银行	工行南江市临江路分理处		开户银行	中国工商银行南江市双轨路分行	行号 409
托收金额	人民币（大写）	：壹万柒仟伍佰元整				千百十万千百十元角分：¥1750000
款项内容	排污罚款	委托收款凭据名称	收据	附单据张数或册数	1张	
备注：款项已从你账户转出。		款项支付日期：2015 年 12 月 20 日		收款人开户银行盖章 2015 年 12 月 18 日		

单位主管： 会计： 出纳： 复核：

此联是银行给付款人的付款通知单

（印章：中国工商银行南江市临江路分理处 转讫；中国工商银行南江市双轨路分理处 转讫）

表 2-94 收到行政事业收费发票示例

南江市行政事业收费

统一收款收据

2015年 12 月 18 日　　　　编号：5236721

缴款单位(个人)：宝路有限责任公司

收费项目	收费原因摘要	千	百	十	万	千	百	十	元	角	分
排污罚款	于12月1日至12月15日擅自停用污水处理设施				1	3	0	0	0	0	0
	于12月13日违规倾倒建筑垃圾					4	5	0	0	0	0
合计金额(大写)：壹万柒仟伍佰元整					¥	1	7	5	0	0	0	0

第二联：缴款人记账凭证

南江市环境监理站 收费专用章

收款单位：　　　经办员：广清河　　　开票人：冼燕

本组原始凭证所反映的经济业务是：________________________________

____

（22）12 月 24 日第二十二组原始凭证（见表 2-95 和表 2-96）。

表 2-95 填制差旅费报销单示例

差旅费报销单

单位（部门）：供销科　　　2015 年 12 月 24 日　　　№:

月	日	时间	出发地	月	日	时间	到达地	机票费（元）	车、船费（元）	卧铺费（元）	夜行车补助费（元）		市内交通费（元）		宿费（元）			出差补助（元）		其他（元）	合计（元）
											小时	金额	实支	包干	标准	实支	提成扣减	天数	金额		
12	15	20.00	南江	12	16	19.30	沈阳			480.00	12	60.00									540.00
12	22	19.30	沈阳	12	23	20.00	南江			480.00	12	60.00	180.00		540.00	420.00	120.00	6	180.00		1.440.00
合计										960.00	24	120.00	180.00		540.00	420.00	120.00	6	180.00		1 980.00

出差任务	采购	报销金额（大写）	人民币：壹仟玖佰捌拾元整		预借金额（元）	¥:4 500.00
		单位负责人	部门负责人	出差人	报销金额（元）	¥:1 980.00
		唐峻	庞一群	韩琴	结余或超支（元）	¥:2 520.00

会计主管人员：刘金　　记账：　　审核：张家明　　附单据：26 张

表 2-96　填制借款单示例

借款单

2015 年 12 月 15 日　　计量单位：人民币元

工作单位	姓名	申请金额	批准金额	备注：
供销科	韩琴	4 500.00	4 500.00	
借款金额（大写）：肆仟伍佰元整		￥：4 500.00		
借款理由	前往沈阳采购材料差旅费　现金收讫	实际还款结算时间：2015年12月24日		
		收~~（付）~~余款（大写）：贰仟伍佰贰拾元整		
		￥：2 520.00		

第三联：结算联

批准人：刘金　　审核：张家明　　借款人：韩琴　　出纳：钱劲

本组原始凭证所反映的经济业务是：________________

____

（23）12 月 24 日第二十三组原始凭证（见表 2-97 和表 2-98）。

表 2-97　填制医药费报销单示例

医药费报销单

部门：厂办　　2015 年 12 月 24 日

职工姓名	报销比例	单据张数	单据金额（元）	实报金额（元）	部门负责人签字	厂部领导签字
林治玲	80%	1	4 475.00	3 580.00	李明辉	
合计		1	4 475.00	3 580.00	现金付讫	唐峻
人民币（大写）：叁仟伍佰捌拾元整						

会计主管：刘金　　复核：张家明　　出纳员：钱劲

（24）12 月 25 日第二十四组原始凭证（见表 2-99 至表 2-101）。

表 2-98 收到医药费收据示例

南江市门诊收费专用收据

（印章：南江市财政局监制）

姓名：林治玲　　2015年 12 月 23 日　　№400354

项　　目	金额（元）	项　　目	金额（元）
西　　药	385.00	手　术　费	2 100.00
中　成　药		治　疗　费	420.00
中　草　药		化　验　费	890.00
常规检查	120.00	检　查　费	
CT	320.00	输　液　费	240.00
B超		输　氧　费	
核磁			
X光			
合　　计			4 475.00
人民币（大写）：肆仟肆佰柒拾伍元整			
收费单位：		收费员：　佟静静	

交款人报销凭证，遗失不补

（印章：南江市第二人民医院 收费专用章）

本组原始凭证所反映的经济业务是：________________________________

____

表 2-99 开出增值税专用发票示例

南江市增值税专用发票

（印章：全国统一发票监制章 国家税务总局监制）

2380998141　　**发　票　联**　　№08312211

开票日期 2015 年 12 月 25 日

购货单位	名　称	山东农业机械一厂		纳税人登记号	445500373510233	
	地址、电话	烟台市东区一路202号		开户银行及账号	工商银行烟台市东区一路分行002563026	
货物或应税劳务名称	计量单位	数量	单价	金额（千 百 十 万 千 百 十 元 角 分）	税率（%）	税额（百 十 万 千 百 十 元 角 分）
A产品	件	220	950.00	2 0 9 0 0 0 0 0	17	3 5 5 3 0 0 0
合　计				¥ 2 0 9 0 0 0 0 0		¥ 3 5 5 3 0 0 0
价税合计（大写）	仟⊗佰贰拾肆万肆仟伍佰叁拾零元零角零分					
销货单位	名　称	宝路有限责任公司		纳税人登记号	238011550834711	
	地址、电话	南江市临江路7号		开户银行及账号	工行南江市临江路分理处92003721	
备注						

第四联：记账联　售货方记账凭证

（印章：宝路有限责任公司 增值税发票专用章）

销货单位（章）：　　收款人：钱劲　　复核人：张家明　　开票人：张蒕

表 2-100 取得商业汇票示例

中国工商银行**银行承兑汇票②**

签发日期 贰零壹伍 年 壹拾贰 月 贰拾伍 日 №983029

付款人	全称	山东农业机械一厂			收款人	全称	宝路有限责任公司	
	账号	2563026				账号	92003721	
	开户银行	工行烟台市东区一路分行	行号	28		开户银行	工行南江市临江路分理处	行号 6577
汇票金额	人民币（大写）：贰拾肆万肆仟伍佰叁拾元整						千百十万千百十元角分：¥244530 00	
汇票到期日	（大写）贰零壹陆年伍月贰拾伍日				交易合同号码		供销字05003496	
本汇票已经本银行承兑，到期无条件支付票款。承兑银行盖章：（中国工商银行烟台东区一路分行 票据专用章）负责人：刘月娇 经办人：靳欣荣 2015年 12 月 25日					本汇票请开户银行予以承兑，到期日付款利率为4.2%。汇票承兑申请人盖章：（山东农业机械一厂 财务专用章）负责人：金钟齐 经办人：王劲松			

此联由收款人存查

表 2-101 取得商业汇票示例

中国工商银行**银行承兑汇票③**

签发日期 贰零壹伍 年 壹拾贰 月 贰拾伍 日 №983029

付款人	全称	山东农业机械一厂			收款人	全称	宝路有限责任公司	
	账号	2563026				账号	92003721	
	开户银行	工行烟台市东区一路分行	行号	28		开户银行	工行南江市临江路分理处	行号 6577
汇票金额	人民币（大写）：贰拾肆万肆仟伍佰叁拾元整						千百十万千百十元角分：¥244530 00	
汇票到期日	（大写）贰零壹陆年伍月贰拾伍日				交易合同号码		供销字05003496	
经办人：收款人开户银行盖章：2015年12月 26日	承兑人盖章：（中国工商银行烟台东区一路分行 票据专用章）经办人：靳欣荣				本汇票请开户银行予以承兑，到期日付款利率为4.2%。汇票承兑申请人盖章：（山东农业机械一厂 财务专用章）负责人：金钟齐 经办人：王劲松			

此联收款人开户行随报单寄回承兑行，承兑行作付出传票

本组原始凭证所反映的经济业务是：______________________________

（25）12 月 26 日第二十五组原始凭证（见表 2-102 和表 2-103）。

表 2-102　收到保险专用发票示例

中国人民保险公司南江分公司保险专用发票

全国统一发票监制章 南江市 地方税务局监制

（2010）G22　　№ 00327461

被保险人	宝路有限责任公司		
保险单号	B2S79900003849392		
承保险别	房屋、设备、汽车财产保险		
保险费率		交费形式	转账支票
保险费额	（小写）：￥98 000.00		
人民币	（大写）：玖万捌仟元整		
业务员	丁德才	核保员	赵育青
备注			

第二联：交款人报销凭证

中国人民保险公司南江分公司 财务专用章

保险公司：　　制单：江门华　　出纳：秦慧琴　　2015 年 12 月 26 日

表 2-103　签发支票存根示例

中国工商银行转账支票存根
支票号码00236797
附加信息：
签发日期 2015年12月26日
收款人:人保南江分公司
金额:98 000.00
用途:付明年公司财产保险费
备注
单位主管:刘金　　会计:张家明

之印

本组原始凭证所反映的经济业务是：________

（26）12 月 27 日第二十六组原始凭证（见表 2-104 和表 2-105）。

表 2-104 填制固定资产清理报废单示例

固定资产报废清理单

签发日期：2015年12月26日

主管部门：设备管理科				使用单位：一车间					
名称及型号	单位	数量	原始价值	已提折旧	净值	预计使用年限	实际使用年限	支付清理费	收回变价收入
JD铣床	台	2	163 800.00	98 400.00	65 400.00	8	3		2 400.00
建造单位	大连机[illegible]			报废原因：		处理意见：		部门负责人	
								于是江	
建造年份	2012年5月			意外事故毁损报废		按规定进行清除		公司负责人	
出厂号	№2003193							唐峻	

（印章：……路有限责任公司 设备管理科；……路有限责任公司 财务专用章）

填制单位： 负责人：刘金 经办人：张家明

表 2-105 填制货物入库单示例

入 库 单

收货单位：一号库 2015年 12 月 26 日 №

货号	品名	计量单位	数量	单价	十	万	千	百	十	元	角	分
	戊材料	公斤	1 000	2.40			2	4	0	0	0	0
合计						¥	2	4	0	0	0	0
备注	报废设备残料入库。设备科于是江											

（金额（元）；第二联：交会计）

仓库负责人：张家若 保管员：林茹 送货员：陈晓军

本组原始凭证所反映的经济业务是：________________________________

____

（27）12 月 27 日第二十七组原始凭证（见表 2-106）。

表 2-106 收到银行汇款单示例

中国工商银行信汇凭证

委托日期贰零壹伍年壹拾贰月贰拾肆日　　编号：739902

汇款人	全称	宝路有限责任公司		收款人	全称	宝路有限责任公司	
	账号地址	32409-409001			账号地址	920003721	
	汇出地点	山西太原市内环路	汇出行名称：工行内环路分行		汇入地址	南江市临江路	汇入行名称：工行临江路分理处
汇款金额	人民币（大写）	：叁仟元整				千百十万千百十元角分	¥300000
汇款用途	：撤消临时采购账户，汇出账户余款		汇入行（盖章）：中国工商银行南江市临江路分理处 转讫		汇出行（盖章）：中国工商银行太原市内环路分行 转讫		
上列款项已根据委托办理，如需查询，请持此单来行面洽。			2015年12月27日		2015 年12月24日		

单位主管：　　会计：　　出纳：　　记账：

此联是汇入行交收款人的收款通知单

本组原始凭证所反映的经济业务是：____________________

____

（28）12 月 28 日第二十八组原始凭证（见表 2-107）。

表 2-107 收到银行汇票多余款收账通知单示例

中国工商银行

付款期壹个月

银行汇票（多余款收账通知）④　　№002359

出票日期（大写）	贰零壹伍年壹拾贰月壹拾陆日	兑付地点：上海　兑付行：工商银行　行号：0144	
收款人：	上海洛飞轧钢股份有限公司		
出票金额	人民币（大写）：叁拾陆万元整		
实际结算金额	人民币（大写）：贰拾肆万叁仟柒佰玖拾壹元整	千百十万千百十元角分	¥24379100
汇款人：宝路有限责任公司		账号或地址：南江市临江路分理处920003721	
出票行：工行南江市临江路分理处	余额（百十万千百十元角分）	科目（付）	
汇款用途：采购材料	¥11620900	对方科目（收）	
出票行盖章：中国工商银行南江市临江路分理处 票据专用章		兑付日期：2015年12月23日	中国工商银行南江市临江路分理处 转讫
		复核：徐蓓蓓	记账：霍方默

此联出票行结清后交汇款人的收账通知

本组原始凭证所反映的经济业务是：____________________

____

（29）12 月 31 日第二十九组原始凭证（见表 2-108）。

表 2-108　取得银行贴现收账通知单示例

贴现凭证（收账通知）

填写日期：2015年12月30日　　　　　　　　第 5405 号

申请人	全　称	宝路有限责任公司	贴现汇票	种　类	银行承兑汇票	号码	983029
	账　号	92003721		签发日	2015年12月25日		
	开户银行	工行南江市临江路分理处		到期日	2016年5月25日		
汇票承兑人（或承兑申请人）	名称	工行烟台东区一路分行	账号	2563026	开户银行	工行烟台东区一路分行	
汇票金额（即贴现金额）	人民币（大写）：贰拾肆万捌仟捌佰零玖元贰角捌分					千百十万千百十元角分	¥24880928
贴现率（每　年）	5%	贴现利息	万千百十元角分 ¥501074		实付现金额	千百十万千百十元角分	¥24379854
上述款项已转入你单位账户 此致 银行盖章 2015年12月30日			备注：				

（印章：中国工商银行 南江市临江路分理处 转讫）

本组原始凭证所反映的经济业务是：________________

____

（30）12 月 31 日第三十组原始凭证（见表 2-109 和表 2-110）。

表 2-109　取得银行进账单回单示例

中国工商银行**进账单（回单）**

2015年　12 月　31 日　　　　№

出票人	全　称	人保公司南江市分公司	持票人	全　称	宝路有限责任公司
	账　号	392000091		账　号	92003721
	开户银行	工行南江市玉德路分行		开户银行	工行南江市临江路分理处
人民币（大写）	：肆万玖仟玖佰贰拾元整			千百十万千百十元角分	¥4992000
票据种类	转账支票	收款人开户银行盖章			
票据张数	1张				
单位主管　刘金　会计　张家明　出纳：钱劲					

（印章：中国工商银行 南江市临江路分理处 收讫）

此联银行盖章后退回持票人

表 2-110 收到保险公司出险损失计算单示例

中国人民保险公司南江分公司
出险损失计算书　　№ 694006315

赔案编号	200039497	被保险人	宝路有限责任公司
保险单号码	051053349	通知单号	50003986
批单号次		保　品	设备、厂房
保险金额	￥90 000.00	承保条件	
保险期限	2014年1月1日至2015年12月31日	运输工具名称及吨位	
出险日期	2015年12月22日	起讫地点	
出险地点	南江市临江路7号		
赔款原因：根据中华人民共和国财产保险合同条例有关规定及事故单位051053349号投保单，我公司于出险后调查确认支付保险赔偿金49 920元，其余由事故单位自行负责。			
赔款金额： 人民币(大写)：肆万玖仟玖佰贰拾元整 (小写)：￥49 920.00		保险公司章（中国人民保险公司南江分公司 业务专用章） 2015年12月31日	

核定：王小林　　审核：刘清玲　　制单：方林郁

第二联：交被保险人存查

本组原始凭证所反映的经济业务是：________________________________

____

（31）12 月 31 日第三十一组原始凭证（见表 2-111）。

表 2-111 填制收款收据示例

收款收据

2015 年 12 月 31 日

今收到：吴明源			
交　来：违章操作设备罚款			
人民币（大写）：柒佰元整			￥：700.00
收款单位（公章）：（宝路有限责任公司 财务专用章）	收款人	钱劲（现金收讫）	交款人　吴明源

财务主管：刘金　　会计：张家明　　出纳：钱劲　　复核：

第二联：记账联

本组原始凭证所反映的经济业务是：________________________________

____

（32）12 月 31 日第三十二组原始凭证（见表 2-112）。

表 2-112 填制职工补助申请表示例

职工生活困难补助申请表

2015 年 12 月 24 日

申请人姓名	岳晓婵		所在部门	二车间	部门负责人
申请金额	700.00		家庭人均收入	260.00	曲强国
申请理由	爱人下岗、近患重病，女儿学费负担较重				
工会小组意见	工会小组负责人		公司工会批示		[illegible]责人
经调查，情况属实，建议给予经济困难补助700元。12月[illegible]	裘宫平		根据工会小组意见，经研究决定给予岳晓婵650元经济困难补助。12月30日 现金付讫		权益生
实际补助人民币金额（大写）：陆佰伍拾元整			￥:650.00		
财务主管签字	刘 金	出纳员签字	钱 劲	收款人签字	岳晓婵 12月31日

宝路有限责任公司 财务专用章

宝路有限责任公司 工会专用章

本组原始凭证所反映的经济业务是：____

____

（33）12 月 31 日第三十三组原始凭证（见表 2-113 至表 2-115）。

表 2-113 填制领料单示例

领 料 单

发货单位：一号库　　2015 年 12 月 11 日　　领料单编号：0021

材料编号	类别	材料名称	规格	单位	数量	
					请 领	实 发
		乙材料		千克	600.00	500.00
用 途	二车间生产使用				领料部门	发料部门
					负责人：武云豪　领料人：黄丽红	发料人：林 茹　核准人：张家若
备 注						

第二联：交会计

（其他领料单略）

表2-114　编制发料汇总表示例

发料凭证汇总表

2015 年 12 月 31 日

材料名称	单位	领用数量	单位成本(元)	材料成本总额(元)
甲材料	千克	2 000	15.00	30 000.00
乙材料	千克	3 000	5.20	15 600.00
丙材料	千克	1 000	16.00	16 000.00
丁材料	千克	12 200	24.00	292 800.00
合　计				354 400.00

财务主管：刘金　　制表：张家明

表2-115　编制材料费用分配汇总表示例

材料费用分配汇总表

2015 年 12 月 31 日

用　途	直接耗用材料费用（元）			共耗 丙 材料的分配			合计（元）
（或部门）	甲材料	乙材料	丁材料	分配标准	分配率	金额（元）	
A产品	20 000.00	12 000.00	180 000.00				212 000.00
B产品	8 000.00	3 000.00	82 000.00				93 000.00
C产品	2 000.00	600.00	30 800.00				33 400.00
一车间						6 000.00	6 000.00
二车间						4 000.00	4 000.00
公司管理部门						6 000.00	6 000.00
合　计	30 000.00	15 600.00	292 800.00			16 000.00	354 400.00

财务主管：刘金　　制表：张家明

本组原始凭证所反映的经济业务是：________________________________

____

5. 操作结果展示或说明

（1）12 月 10 日第一组原始凭证。本组原始凭证所反映的经济业务是向个体商户销售 C 产品，收到现金并存入银行。

（2）12 月 10 日第二组原始凭证。本组原始凭证所反映的经济业务是从银行取得长期借款存入银行。

（3）12 月 10 日第三组原始凭证。本组原始凭证所反映的经济业务是从银行提取现金。

（4）12 月 10 日第四组原始凭证。本组原始凭证所反映的经济业务是出售产品，收到支票并存入银行。

（5）12 月 11 日第五组原始凭证。本组原始凭证所反映的经济业务是向购货方发运产品，并以银行存款支付代垫运费，采用“委托收款结算方式”向购货方收款，现已办妥委托银行收款手续。

（6）12 月 11 日第六组原始凭证。本组原始凭证所反映的经济业务是以电汇结算方式偿还欠海昌公司货款。

（7）12 月 14 日第七组原始凭证。本组原始凭证所反映的经济业务是购入设备，对方发货后采用“委托收款结算”方式收到货款，本公司现收到银行的付款通知及售货方通过银行转来的有关凭证（如存在与购货合同不符等可以拒付货款的问题，本公司应在三日内向银行提出拒付理由书以拒付货款，超过三日，银行将视为本公司同意付款而进行款项划转）。

（8）12 月 14 日第八组原始凭证。本组原始凭证所反映的经济业务是以“委托收款结算”方式支付电话费。

（9）12 月 15 日第九组原始凭证。本组原始凭证所反映的经济业务是以支票向南江市集翠博览有限公司支付 12 月博览会展台租赁费。

（10）12 月 15 日第十组原始凭证。本组原始凭证所反映的经济业务是购入的设备验收入库。

（11）12 月 15 日第十一组原始凭证。本组原始凭证所反映的经济业务是采用“委托收款结算”方式向河南农机厂收到的销售产品货款现已收到（与第五组原始凭证相联系）。

（12）12 月 15 日第十二组原始凭证。本组原始凭证所反映的经济业务是以现金支付韩琴预借的差旅费。

（13）12 月 16 日第十三组原始凭证。本组原始凭证所反映的经济业务是收到兴兴公司以信汇结算方式汇来欠本公司的货款。

（14）12 月 16 日第十四组原始凭证。本组原始凭证所反映的经济业务是向开户银行申请取得银行汇票。

（15）12 月 17 日第十五组原始凭证。本组原始凭证所反映的经济业务是接受清林远航材料总厂以丁材料加工技术专利对本公司的投资。

（16）12 月 17 日第十六组原始凭证。本组原始凭证所反映的经济业务是以支票支付两个月广告费。

（17）12月17日第十七组原始凭证。本组原始凭证所反映的经济业务是购入水泥，购入的水泥因安装设备被直接领用（填写入库单与出库单是企业物资管理的必要手续），购入水泥的款项尚未支付。

（18）12月17日第十八组原始凭证。本组原始凭证所反映的经济业务是库存设备出库进入安装过程。

（19）12月18日第十九组原始凭证。本组原始凭证所反映的经济业务是向上海临时采购账户汇入款项。

（20）12月20日第二十组原始凭证。本组原始凭证所反映的经济业务是支付所欠水泥款（与第十四组原始凭证相联系）。

（21）12月21日第二十一组原始凭证。本组原始凭证所反映的经济业务是以“委托收款结算”方式支付环保罚款。

（22）12月24日第二十二组原始凭证。本组原始凭证所反映的经济业务是韩琴出差返回并报销差旅费，所借差旅费余款以现金退回。

（23）12月24日第二十三组原始凭证。本组原始凭证所反映的经济业务是以现金报销职工医药费。

（24）12月25日第二十四组原始凭证。本组原始凭证所反映的经济业务是销售产品，收到购货方交来银行承兑汇票。

（25）12月26日第二十五组原始凭证。本组原始凭证所反映的经济业务是以支票预交明年财产保险费。

（26）12月27日第二十六组原始凭证。本组原始凭证所反映的经济业务是清理意外毁损报废的设备，残料作价入库。

（27）12月27日第二十七组原始凭证。本组原始凭证所反映的经济业务是上海临时采购账户撤销，账户余款以信汇方式转回。

（28）12月28日第二十八组原始凭证。本组原始凭证所反映的经济业务是转回银行汇票使用后的余额。

（29）12月31日第二十九组原始凭证。本组原始凭证所反映的经济业务是未到期应收银行承兑汇票办理了贴现（与第二十四组原始凭证相联系）。

（30）12月31日第三十组原始凭证。本组原始凭证所反映的经济业务是收到保险公司转账支票，存入银行。所收支票是保险公司对意外毁损报废设备的财产保险赔款（与第二十六组原始凭证相联系）。

（31）12月31日第三十一组原始凭证。本组原始凭证所反映的经济业务是收到职工吴明源交来现金700元，其所交款项为违章操作罚款。

（32）12月31日第三十二组原始凭证。本组原始凭证所反映的经济业务是以现金发放职工生活困难补助（以《职工生活困难补助申请表》代岳晓婵现金收款收据）。

（33）12月31日第三十三组原始凭证。本组原始凭证所反映的经济业务是月末根据领料单编制发料凭证汇总表并进行材料费用的分配，以便进行出库材料成本的结转。

6．课堂讨论与课后作业题

（1）正确解读原始凭证的重要作用。

（2）正确解读原始凭证要注意的问题。

（3）原始凭证与经济业务之间的关系如何？

第 3 章　应用记账凭证实训

本章提要

填制记账凭证是会计工作生产“最终产品”的第一道工序，是在解读原始凭证的基础上，运用复式记账原理对所发生的经济业务按会计准则进行会计处理的第一步。通过实训不仅在于使学习者掌握记账凭证的基本内容、填制方法和填制要求，增强职业操作能力，而且通过记账凭证审核的实训，提高对原始凭证、记账凭证正误的综合分析判断能力，养成耐心、细致的工作作风和工作态度。本章所设置的实训内容主要包括：填制复式记账凭证；填制单式记账凭证；审核记账凭证，其中包括审核记账凭证填制的规范性和记账凭证反映经济业务的正确性。

学习目标

- 了解记账凭证的基本分类及记账凭证内容的基本构成要素。
- 熟悉填制记账凭证的基本过程与要求，以及记账凭证审核的基本原则。
- 掌握记账凭证的分类及选用与相应的处理方法。
- 能够正确进行记账凭证填制的操作，正确进行记账凭证的审核。

学习导航

第 3 章

↓

3.1 填制复式记账凭证

1. 根据原始凭证填制专用记账凭证
2. 根据填制完成的专用记账凭证编制科目汇总表
3. 根据填制完成的专用记账凭证编制汇总记账凭证
4. 根据原始凭证填制通用记账凭证
5. 根据填制完成的通用记账凭证编制科目汇总表
6. 分别装订填制完成的专用记账凭证和填制完成的通用记账凭证

↓

3.2 填制单式记账凭证

根据原始凭证和填制记账凭证的规范要求，认真、正确地填制每项经济业务的单式记账凭证

↓

3.3 审核记账凭证

按照审核和填制记账凭证的基本要求，指出实训资料所给出的各组会计凭证中记账凭证方面所存在的问题，并提出相应的处理方法

3.1 填制复式记账凭证

1．实训任务

根据原始凭证和填制复式记账凭证的规范要求，认真、正确地填制每项经济业务的记账凭证。具体任务有：

（1）根据原始凭证填制专用记账凭证（原始凭证可从书中剪裁下来粘贴在记账凭证的后面）；

（2）根据填制完成的专用记账凭证编制科目汇总表；

（3）根据填制完成的专用记账凭证编制汇总记账凭证；

（4）根据原始凭证填制通用记账凭证（粘贴原始凭证过程略）；

（5）根据填制完成的通用记账凭证编制科目汇总表；

（6）分别装订填制完成的专用记账凭证和填制完成的通用记账凭证。

2．实训目的

通过填制复式凭证，掌握复式记账凭证的基本内容、填制方法和填制要求，掌握复式记账凭证的种类及其应用的特点。从感性上和理性上理解与掌握记账凭证与原始凭证及经济业务之间的内在联系。

3．知识准备

为熟悉填制记账凭证的基本要求、正确填制记账凭证，请参阅附录 B《会计基础工作规范》，为顺利进行动手操作做好准备。

4．实训资料与动手操作

以“2. 3 解读原始凭证”实训中给出的原始凭证，作为填制记账凭证的资料，由教师向学生发放会计实际工作中使用的记账凭证并进行填制操作。

5．操作结果展示或说明

（1）根据原始凭证填制如下专用记账凭证。

① 根据第一组原始凭证应填制的记账凭证（见表 3-1 和表 3-2）。

表 3-1　填制记账凭证示例

收　款　凭　证

借方科目：库存现金　　2015 年 12 月 10 日　　现收字 1 号　总字 1 号

摘要	贷方科目：总账科目	贷方科目：明细科目	百	十	万	千	百	十	元	角	分	记账
销售产品	主营业务收入	销售C产品				9	0	0	0	0	0	
	应交税费	应交增值税（销项税）				1	5	3	0	0	0	
合计				¥	1	0	5	3	0	0	0	

附单据 1 张

会计主管：刘金　稽核：孙悦　制单：张家明　出纳：钱劲　记账：

表 3-2　填制记账凭证示例

付　款　凭　证

贷方科目：库存现金　　2010 年 12 月 10 日　　现付字 1 号　总字 2 号

摘要	借方科目：总账科目	借方科目：明细科目	百	十	万	千	百	十	元	角	分	记账
现金存入银行	银行存款				1	0	5	3	0	0	0	
合计				¥	1	0	5	3	0	0	0	

附单据 1 张

会计主管：刘金　稽核：孙悦　制单：张家明　出纳：钱劲　记账：

（根据第二组至第四组原始凭证填制的记账凭证略）

② 根据第五组原始凭证应填制的记账凭证（见表3-3和表3-4）。

表3-3 填制记账凭证示例

付 款 凭 证

贷方科目：银行存款　　2015年12月11日　　银付字 2 号　总字 6 号

摘要	借方科目：总账科目	借方科目：明细科目	百	十	万	千	百	十	元	角	分	记账
向河南农机发运产品代垫运费	应收账款	河南农业机械厂				6	9	1	0	0	0	
合计					¥	6	9	1	0	0	0	

附单据 1 张

会计主管：刘金　稽核：孙悦　制单：张家明　出纳：钱勐　记账：

表3-4 填制记账凭证示例

转 账 凭 证

2015年12月11日　　转字 1 号　总字 7 号

摘要	借方：总账科目	借方：明细科目	记账	贷方：总账科目	贷方：明细科目	记账	千	百	十	万	千	百	十	元	角	分
销售产品	应收账款	河南农机厂		主营业务收入	销售A产品				1	9	0	0	0	0	0	0
				应交税费	应交增值税(销)					3	2	3	0	0	0	0
				应收账款	河南农机厂						6	9	1	0	0	0
合计								¥	2	2	9	2	1	0	0	0

附单据 2 张

会计主管：刘金　稽核：孙悦　制单：张家明　出纳：钱勐　记账：

（根据第六组原始凭证填制的记账凭证略）

📖 **知识与技能拓展：**转账凭证在实际工作中存在不同的格式，上述印有合计行的是一种。这种带有合计行的转账凭证，只能用于登记“一借一贷”、“一借多贷”或“多借一贷”的会计分录。无论是“一”的一方，还是“多”的一方，都要从该方的第一行填起，“多”的一方的金额为横行对应，而“一”的一方的金额则与合计行的金额对应。如上一转账凭证中借方的“应收账款”科目，所对应的金额为合计行的金额，贷方各科目则分别对应本行的金额。带有合计行的转账凭证不适合登记“多借多贷”的会计分录。

③ 根据第七组原始凭证应填制的记账凭证（见表3-5）。

表 3-5 填制记账凭证示例

付 款 凭 证

贷方科目	银行存款	2015 年 12 月 14 日		银付字 4 号 总 字 9 号										
摘 要		借方科目		金额									记账	
		总账科目	明细科目	百	十	万	千	百	十	元	角	分		
购入立式铣床		在途物资	沈阳机床总厂		5	8	8	8	5	0	0	0		附单据 3 张
合		计		¥	5	8	8	8	5	0	0	0		

会计主管：刘金 稽核：孙悦 制单：张家明 出纳：钱劲 记账：

（根据第八组至第九组原始凭证填制的记账凭证略）

④ 根据第十组原始凭证应填制的记账凭证（见表 3-6）。

表 3-6 填制记账凭证示例

转 账 凭 证

2015 年 12 月 15 日

转字 2 号

总字 12 号

摘 要	借方		记账	贷方		记账	金额										
	总账科目	明细科目		总账科目	明细科目		千	百	十	万	千	百	十	元	角	分	
铣床入库	工程物资	铣床		在途物资	沈阳机床总厂				5	8	8	8	5	0	0	0	附单据 1 张
合			计					¥	5	8	8	8	5	0	0	0	

会计主管：刘金 稽核：孙悦 制单：张家明 出纳：钱劲 记账：

（根据第十一组至第十六组原始凭证填制的记账凭证略）

⑤ 根据第十七组原始凭证应填制的记账凭证（见表 3-7 和表 3-8）。

⑥ 根据第二十二组原始凭证应填制的记账凭证（见表 3-9 和表 3-10）。

⑦ 根据第二十六组原始凭证应填制的记账凭证（见表 3-11）。

⑧ 根据第三十三组原始凭证应填制的记账凭证（见表 3-12 至表 3-15）。

表 3-7 填制记账凭证示例

转 账 凭 证　　　　转字 4 号

2015 年 12 月 17 日　　　　总字 19 号

摘要	借方		记账	贷方		记账	金额									
	总账科目	明细科目		总账科目	明细科目		千	百	十	万	千	百	十	元	角	分
购入水泥	工程物资	水泥		应付账款	南江水泥二厂						5	6	0	0	0	0
合计										¥	5	6	0	0	0	0

附单据 2 张

会计主管：刘金　稽核：孙悦　制单：张家明　出纳：钱劲　记账：

表 3-8 填制记账凭证示例

转 账 凭 证　　　　转字 5 号

2015 年 12 月 17 日　　　　总字 20 号

摘要	借方		记账	贷方		记账	金额									
	总账科目	明细科目		总账科目	明细科目		千	百	十	万	千	百	十	元	角	分
领用水泥	在建工程	铣床安装工程		工程物资	水泥						5	6	0	0	0	0
合计										¥	5	6	0	0	0	0

附单据 1 张

会计主管：刘金　稽核：孙悦　制单：张家明　出纳：钱劲　记账：

（根据第十八组至第二十一组原始凭证填制的记账凭证略）

表 3-9 填制记账凭证示例

收 款 凭 证

借方科目：库存现金　　　　现收字 2 号

2015 年 12 月 24 日　　　　总 字 25 号

摘要	贷方科目		金额									记账
	总账科目	明细科目	百	十	万	千	百	十	元	角	分	
韩琴返回预借差旅费余款	其他应收款	供销科（韩琴）				2	5	2	0	0	0	
合计					¥	2	5	2	0	0	0	

附单据 1 张

会计主管：刘金　稽核：孙悦　制单：张家明　出纳：钱劲　记账：

表 3-10　填制记账凭证示例

转　账　凭　证　　　　转字 7 号

2015 年 12 月 24 日　　　　总字 26 号

摘要	借方		记账	贷方		记账	金额									
	总账科目	明细科目		总账科目	明细科目		千	百	十	万	千	百	十	元	角	分
韩琴报销差旅费	管理费用	差旅费		其他应收款	供销科（韩琴）						1	9	8	0	0	0
合计										¥	1	9	8	0	0	0

附单据 27 张

会计主管：刘金　稽核：孙悦　制单：张家明　出纳：钱劲　记账：

（根据第二十三组至第二十五组原始凭证填制的记账凭证略）

表 3-11　填制记账凭证示例

转　账　凭　证　　　　转字 10 号

2015 年 12 月 27 日　　　　总字 31 号

摘要	借方		记账	贷方		记账	金额									
	总账科目	明细科目		总账科目	明细科目		千	百	十	万	千	百	十	元	角	分
报废设备残料入库	原材料	戊材料		固定资产清理	清理JD铣床						2	4	0	0	0	0
合计										¥	2	4	0	0	0	0

附单据 1 张

会计主管：刘金　稽核：孙悦　制单：张家明　出纳：钱劲　记账：

（根据第二十七组至第三十二组原始凭证应填制的记账凭证略）

表 3-12　填制记账凭证示例

转　账　凭　证　　　　转字 11（1/4）号

2015 年 12 月 31 日　　　　总字 38（1/4）号

摘要	借方		记账	贷方		记账	金额									
	总账科目	明细科目		总账科目	明细科目		千	百	十	万	千	百	十	元	角	分
分配材料费	生产成本	基本生产（A）		原材料	甲材料					2	0	0	0	0	0	0
					乙材料					1	2	0	0	0	0	0
					丁材料				1	8	0	0	0	0	0	0
合计								¥	2	1	2	0	0	0	0	0

附单据 1 张

会计主管：刘金　稽核：孙悦　制单：张家明　出纳：钱劲　记账：

表 3-13 填制记账凭证示例

转 账 凭 证

2015 年 12 月 31 日

转字 11（2/4）号

总字 38（2/4）号

摘要	借方		记账	贷方		记账	金额									
	总账科目	明细科目		总账科目	明细科目		千	百	十	万	千	百	十	元	角	分
分配材料费	生产成本	基本生产（B）		原材料	甲材料						8	0	0	0	0	0
					乙材料						3	0	0	0	0	0
					材丁料					8	2	0	0	0	0	0
合计									¥	9	3	0	0	0	0	0

附单据 1 张

会计主管：刘金　稽核：孙悦　制单：张家明　出纳：钱劲　记账：

表 3-14 填制记账凭证示例

转 账 凭 证

2015 年 12 月 31 日

转字 11（3/4）号

总字 38（3/4）号

摘要	借方		记账	贷方		记账	金额									
	总账科目	明细科目		总账科目	明细科目		千	百	十	万	千	百	十	元	角	分
分配材料费	生产成本	基本生产（C）		原材料	甲材料						2	0	0	0	0	0
					乙材料							6	0	0	0	0
					丁材料					3	0	8	0	0	0	0
合计									¥	3	3	4	0	0	0	0

附单据 1 张

会计主管：刘金　稽核：孙悦　制单：张家明　出纳：钱劲　记账：

表 3-15 填制记账凭证示例

转 账 凭 证

2015 年 12 月 31 日

转字 11（4/4）号

总字 38（4/4）号

摘要	借方		记账	贷方		记账	金额									
	总账科目	明细科目		总账科目	明细科目		千	百	十	万	千	百	十	元	角	分
分配材料费	制造费用	一车间		原材料	丙材料						6	0	0	0	0	0
		二车间									4	0	0	0	0	0
	管理费用	其他费用									6	0	0	0	0	0
合计									¥	1	6	0	0	0	0	0

附单据 1 张

会计主管：刘金　稽核：孙悦　制单：张家明　出纳：钱劲　记账：

（2）根据填制完成的专用记账凭证编制的科目汇总表（见表3-16）。

表3-16 编制科目汇总表示例

科 目 汇 总 表

记账凭证（1）号-（38）号　　2015年12月31日　　科汇字（1）号

会计科目	借方	贷方
库存现金	19 750.00	19 260.00
银行存款	1 643 817.54	1 311 772.00
其他货币资金	480 000.00	119 209.00
应收账款	236 120.00	416 120.00
应收票据	244 530.00	244 530.00
其他应收款	4 500.00	4 500.00
在途物资	588 850.00	588 850.00
原材料	2 400.00	354 400.00
待摊费用	117 800.00	
固定资产		163 800.00
累计折旧	98 400.00	
固定资产清理	65 400.00	52 320.00
工程物资	594 450.00	594 450.00
在建工程	594 450.00	
无形资产	50 000.00	
制造费用	10 000.00	
生产成本	338 400.00	
应付账款	85 600.00	5 600.00
应付职工薪酬	4 230.00	
应交税费		85 510.00
长期借款		700 000.00
实收资本		50 000.00
主营业务收入		503 000.00
营业外收入		700.00
管理费用	14 392.00	
销售费用	2 700.00	
财务费用	731.46	
营业外支出	17 500.00	
合计	5 214 021.00	5 214 021.00

📖 **分析与操作提示**：编制科目汇总表是进行记账凭证汇总的最基本的技能要求，操作的基本程序是：① 准备一大张工作底稿用纸（或称草算纸）；② 按记账凭证编号顺序，

在工作底稿用纸上，按每一张记账凭证所涉及的总账科目，为其设置出“T”字账，并按借、贷方向过入记账凭证中的金额（后一张记账凭证所涉及的总账科目，在工作底稿用纸上，已存在以该总账科目为名的“T”字账时，则不要再设置“T”字账了，只要把后一张记账凭证中的金额，按借贷方向过入已存在的“T”字账中即可），这一过程直至处理完最后一张记账凭证才能结束；③ 前一过程结束后，计算工作底稿中每一“T”字账的借方合计数、贷方合计数；④ 在试算平衡后，按每一“T”字账的总账名称及其借方合计数、贷方合计数，过入科目汇总表（见表3-16）。

📖 **知识与技能拓展：** 科目汇总表中的“待摊费用”账户，是用以反映已发生的需在一年内分摊到各月中的费用，如果企业这样的费用不多，也可不设置这一账户，而通过“其他应收款”账户核算。

（3）根据填制完成的专用记账凭证编制汇总记账凭证。

📖 **分析与操作提示：** 要解决编制汇总记账凭证较难理解的问题，有两个要点应把握住，首先要对记账凭证进行若干次“分堆”，此时不要考虑凭证编号问题；然后，对最后的“分堆”再进行科目汇总，按汇总结果就可编制出汇总记账凭证。编制汇总记账凭证的过程如图3-1所示。

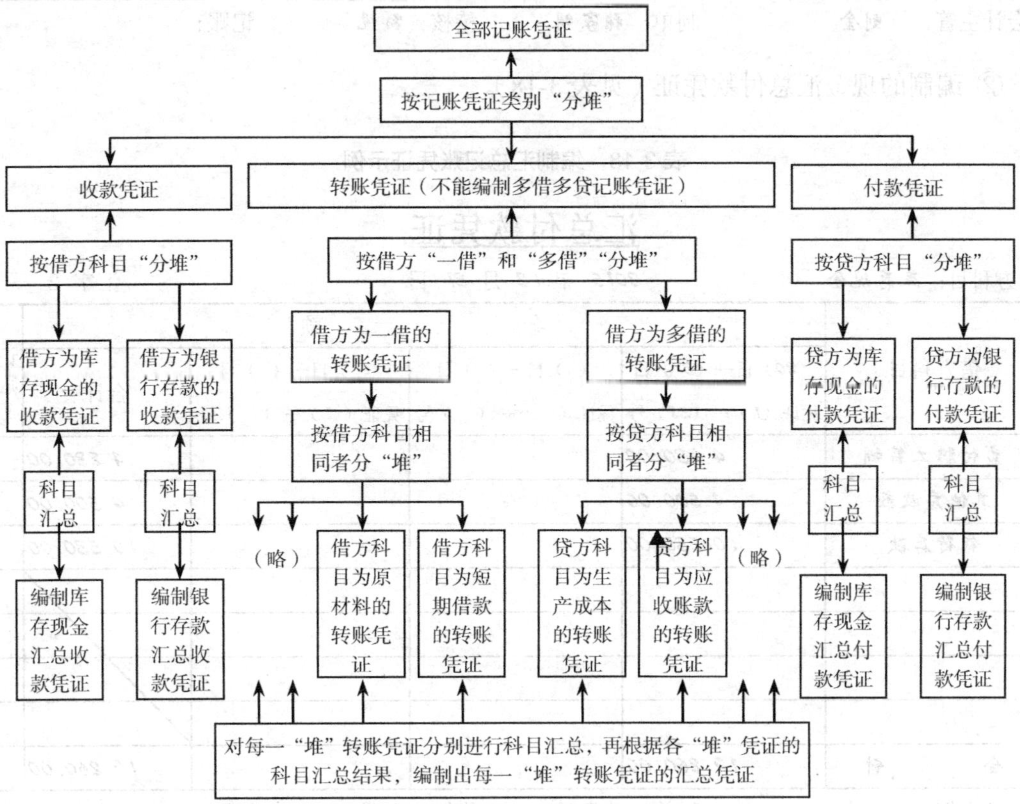

图3-1　编制汇总记账凭证的过程

① 编制的库存现金汇总收款凭证（见表 3-17）。

表 3-17 编制汇总记账凭证示例

汇总收款凭证

借方科目：库存现金　　2015 年 12 月 31 日　　汇字 1 号

贷方科目	金额				记账
	（20）日—（31）日 凭证（1）—（38）号	（ ）日—（ ）日 凭证（ ）—（ ）号	（ ）日—（ ）日 凭证（ ）—（ ）号	合计	
其他应收款	2 520.00			2 520.00	
主营业务收入	9 000.00			9 000.00	
应交税费	1 530.00			1 530.00	
营业外收入	700.00			700.00	
合　　计	13 750.00			13 750.00	

会计主管：刘金　　制单：张家明　　稽核：孙悦　　记账：

② 编制的现金汇总付款凭证（见表 3-18）。

表 3-18 编制汇总记账凭证示例

汇总付款凭证

贷方科目：库存现金　　2015 年 12 月 31 日　　汇字 2 号

借方科目	金额				记账
	（20）日—（31）日 凭证（1）—（38）号	（ ）日—（ ）日 凭证（ ）—（ ）号	（ ）日—（ ）日 凭证（ ）—（ ）号	合计	
应付职工薪酬	4 230.00			4 230.00	
其他应收款	4 500.00			4 500.00	
银行存款	10 530.00			10 530.00	
合　　计	19 260.00			19 260.00	

会计主管：刘金　　制单：张家明　　稽核：孙悦　　记账：

③ 编制的银行存款汇总收款凭证（见表 3-19）。

表 3-19 编制汇总记账凭证示例

汇总收款凭证

借方科目：银行存款　　　　2015 年 12 月 31 日　　　　汇字 3 号

贷方科目	金额				记账
	(20)日—(31)日 凭证(1)—(38)号	( )日—( )日 凭证( )—( )号	( )日—( )日 凭证( )—( )号	合计	
其他货币资金	119 209.00			119 209.00	
应收账款	409 210.00			409 210.00	
固定资产清理	49 920.00			49 920.00	
应收票据	243 798.54			243 798.54	
应交税费	16 150.00			16 150.00	
主营业务收入	95 000.00			95 000.00	
长期借款	700 000.00			700 000.00	
	1 633 287.54			1 633 287.54	

会计主管：刘金　　　　制单：张家明　　　　稽核：孙悦　　　　记账：

④ 编制的银行存款汇总付款凭证（见表 3-20）。

表 3-20 编制汇总记账凭证示例

汇总付款凭证

贷方科目：银行存款　　　　2015 年 12 月 31 日　　　　汇字 4 号

借方科目	金额				记账
	(20)日—(31)日 凭证(1)—(38)号	( )日—( )日 凭证( )—( )号	( )日—( )日 凭证( )—( )号	合计	
库存现金	6 000.00			6 000.00	
其他货币资金	480 000.00			480 000.00	
应收账款	6 910.00			6 910.00	
在途物资	588 850.00			588 850.00	
待摊费用	117 800.00			117 800.00	
应付账款	85 600.00			86 500.00	
销售费用	2 700.00			2 700.00	
管理费用	6 412.00			6 412.00	
营业外支出	17 50.000			17 500.00	
合　计	1 311 772.00			1 311 772.00	

会计主管：刘金　　　　制单：张家明　　　　稽核：孙悦　　　　记账：

（其他汇总转账凭证略）

（4）根据原始凭证填制通用记账凭证（粘贴原始凭证过程略）。

根据第一组原始凭证应填制的通用记账凭证如表3-21和表3-22所示。

表3-21 填制通用记账凭证示例

通用记账凭证

2015 年 12 月 10 日　　　　编号第：1 号

摘要	借方		记账	贷方		记账	金额									
	总账科目	明细科目		总账科目	明细科目		千	百	十	万	千	百	十	元	角	分
销售产品	库存现金			主营业务收入	销售C产品						9	0	0	0	0	0
				应交税费	应交增值税（销）						1	5	3	0	0	0
合计									¥	1	0	5	3	0	0	0

附单据1张

会计主管：刘金　稽核：孙悦　制单：张家明　出纳：钱劲　记账：

表3-22 填制通用记账凭证示例

通用记账凭证

2015 年 12 月 10 日　　　　编号第：2 号

摘要	借方		记账	贷方		记账	金额									
	总账科目	明细科目		总账科目	明细科目		千	百	十	万	千	百	十	元	角	分
现金存银行	银行存款			库存现金						1	0	5	3	0	0	0
合计									¥	1	0	5	3	0	0	0

附单据1张

会计主管：刘金　稽核：孙悦　制单：张家明　出纳：钱劲　记账：

（通用记账凭证的填制与转账凭证的填制规则相同，其他通用记账凭证的填制略。）

📖 **知识与技能拓展：**转账凭证与通用记账凭证还有其他的格式形式，如表3-23至表3-25所示。

表3-23和表3-24两种格式的记账凭证的填制，具有相同的特点：①自上而下先填写借方科目，其金额填入借方金额栏中；借方科目填写完后，再填写贷方科目，其金额填入贷方金额栏；②可以填写多借多贷的会计分录；③合计行的借方金额合计数应与贷方金额合计数相等。以根据第五组原始凭证填制的转账凭证（转字1号、总字7号）为例，可填制如下格式的转账记账凭证，如表3-26所示。

表 3-23　转账记账凭证格式示例

转账记账凭证

转字　　　　号

年　　月　　日

总字　　　　号

摘要	总账科目	明细科目	借方金额										贷方金额										记账
			千	百	十	万	千	百	十	元	角	分	千	百	十	万	千	百	十	元	角	分	
合计																							

附单据　　张

会计主管：　　稽核：　　制单：　　出纳：　　记账：

表 3-24　通用记账凭证其他格式（1）示例

通用记账凭证

年　　月　　日　　编号第：　　号

摘要	总账科目	明细科目	借方金额										贷方金额										记账
			千	百	十	万	千	百	十	元	角	分	千	百	十	万	千	百	十	元	角	分	
合计																							

附单据　　张

会计主管：　　稽核：　　制单：　　出纳：　　记账：

表 3-25　通用记账凭证其他格式（2）示例

记账凭证

年　　月　　日　　记凭字　　　　号

摘要	借方科目		贷方科目		金额										记账
	总账科目	明细科目	总账科目	明细科目	千	百	十	万	千	百	十	元	角	分	

附单据　　张

会计主管：　　稽核：　　制单：　　出纳：　　记账：

表 3-26　填制转账记账凭证示例

转 账 记 账 凭 证　　　　转字　1　号

2015 年　12　月 11　日　　　　总字　7　号

摘　要	总账科目	明细科目	借方金额										贷方金额										记账
			千	百	十	万	千	百	十	元	角	分	千	百	十	万	千	百	十	元	角	分	
销售产品	应收账款	河南农机厂			2	2	9	2	1	0	0	0											
	主营业务收入	销售A产品													1	9	0	0	0	0	0	0	
	应交税费	应交增值税（销）														3	2	3	0	0	0	0	
	应收账款	河南农机厂															6	9	1	0	0	0	
合　计				¥	2	2	9	2	1	0	0	0		¥	2	2	9	2	1	0	0	0	

附单据 2 张

会计主管：刘金　　稽核：孙悦　　制单：张家明　　出纳：钱劲　　记账：

表 3-25 格式的记账凭证的填制：①自上而下先填写借方科目，借方科目填写完后，再填写贷方科目；②可以填写多借多贷的会计分录。以根据第五组原始凭证填制的转账凭证（转字 1 号、总字 7 号）为例，可填制如下格式的记账凭证，如表 3-27 所示。

表 3-27　填制记账凭证示例

记 账 凭 证

2015 年 12 月 11 日　　　　记凭字　7　号

摘　要	借方科目		贷方科目		金　额										记账
	总账科目	明细科目	总账科目	明细科目	千	百	十	万	千	百	十	元	角	分	
销售产品	应收账款	河南农机厂					2	2	9	2	1	0	0	0	
			主营业务收入	销售A产品			1	9	0	0	0	0	0	0	
			应交税费	应交增值税（销）				3	2	3	0	0	0	0	
			应收账款	河南农机厂					6	9	1	0	0	0	

附单据 2 张

会计主管：刘金　　稽核：孙悦　　制单：张家明　　出纳：钱劲　　记账：

6．课堂讨论与课后作业题

（1）通过上述记账凭证的填制，你可否总结出几点经验？

（2）对实训结果提示中所编制完成的记账凭证，你能提出几点改进的建议吗？

（3）你能分别列示专用记账凭证、通用记账凭证的优缺点吗？

3.2　填制单式记账凭证

1．实训任务

根据原始凭证和填制记账凭证的规范要求，认真、正确地填制每项经济业务的单式记账凭证。

2．实训目的

通过填制单式记账凭证，了解单式记账凭证的基本内容、填制方法和要求，熟悉单式记账凭证的种类及其特点。

3．知识准备

掌握单式记账凭证与复式记账凭证的区别，特别是每笔经济业务会计分录所填制的单式记账凭证编号的编制方法。

4．实训资料与动手操作

利用备用单式记账凭证（见表 3-28 至表 3-42）填制“2.3　解读原始凭证”实训中第一组至第五组原始凭证的记账凭证。

表 3-28　备用单式记账凭证（一）

借 项 记 账 凭 证

年　　月　　日　　　　　　记凭字　　号

摘　　要	总账科目	明细科目	记账	金　　额									
				千	百	十	万	千	百	十	元	角	分
对应总账科目	合　　计												

附单据　　张

会计主管:　　稽核:　　制单:　　出纳:　　记账:

表 3-29　备用单式记账凭证（二）

借 项 记 账 凭 证

年　　月　　日　　　　　　记凭字　　号

摘　　要	总账科目	明细科目	记账	金　　额									
				千	百	十	万	千	百	十	元	角	分
对应总账科目	合　　计												

附单据　　张

会计主管:　　稽核:　　制单:　　出纳:　　记账:

表 3-30　备用单式记账凭证（三）

借 项 记 账 凭 证

年　月　日　　　　记凭字　　号

摘　要		总账科目	明细科目	记账	金额									
					千	百	十	万	千	百	十	元	角	分
对应总账科目		合　计												

附单据　张

会计主管：　稽核：　制单：　出纳：　记账：

表 3-31　备用单式记账凭证（四）

借 项 记 账 凭 证

年　月　日　　　　记凭字　　号

摘　要		总账科目	明细科目	记账	金额									
					千	百	十	万	千	百	十	元	角	分
对应总账科目		合　计												

附单据　张

会计主管：　稽核：　制单：　出纳：　记账：

表 3-32　备用单式记账凭证（五）

借 项 记 账 凭 证

年　月　日　　　　记凭字　　号

摘　要		总账科目	明细科目	记账	金额									
					千	百	十	万	千	百	十	元	角	分
对应总账科目		合　计												

附单据　张

会计主管：　稽核：　制单：　出纳：　记账：

表3-33 备用单式记账凭证（六）

借 项 记 账 凭 证

年 月 日　　　　记凭字 号

摘 要		总账科目	明细科目	记账	金额									
					千	百	十	万	千	百	十	元	角	分
对应总账科目		合 计												

附单据 张

会计主管：　稽核：　制单：　出纳：　记账：

表3-34 备用单式记账凭证（七）

贷 项 记 账 凭 证

年 月 日　　　　记凭字 号

摘 要		总账科目	明细科目	记账	金额									
					千	百	十	万	千	百	十	元	角	分
对应总账科目		合 计												

附单据 张

会计主管：　稽核：　制单：　出纳：　记账：

表3-35 备用单式记账凭证（八）

贷 项 记 账 凭 证

年 月 日　　　　记凭字 号

摘 要		总账科目	明细科目	记账	金额									
					千	百	十	万	千	百	十	元	角	分
对应总账科目		合 计												

附单据 张

会计主管：　稽核：　制单：　出纳：　记账：

表3-36 备用单式记账凭证（九）

贷项记账凭证

年 月 日 记凭字 号

摘要		总账科目	明细科目	记账	金额										
					千	百	十	万	千	百	十	元	角	分	附单据
															张
对应总账科目		合计													

会计主管： 稽核： 制单： 出纳： 记账：

表3-37 备用单式记账凭证（十）

贷项记账凭证

年 月 日 记凭字 号

摘要		总账科目	明细科目	记账	金额										
					千	百	十	万	千	百	十	元	角	分	附单据
															张
对应总账科目		合计													

会计主管： 稽核： 制单： 出纳： 记账：

表3-38 备用单式记账凭证（十一）

贷项记账凭证

年 月 日 记凭字 号

摘要		总账科目	明细科目	记账	金额										
					千	百	十	万	千	百	十	元	角	分	附单据
															张
对应总账科目		合计													

会计主管： 稽核： 制单： 出纳： 记账：

表 3-39　备用单式记账凭证（十二）

贷 项 记 账 凭 证

年　　月　　日　　　　　　　　记凭字　　号

摘　　要		总账科目	明细科目	记账	金　　额									
					千	百	十	万	千	百	十	元	角	分
对应总账科目		合　　计												

附单据　张

会计主管:　　　稽核:　　　制单:　　　出纳:　　　记账:

表 3-40　备用单式记账凭证（十三）

贷 项 记 账 凭 证

年　　月　　日　　　　　　　　记凭字　　号

摘　　要		总账科目	明细科目	记账	金　　额									
					千	百	十	万	千	百	十	元	角	分
对应总账科目		合　　计												

附单据　张

会计主管:　　　稽核:　　　制单:　　　出纳:　　　记账:

表 3-41　备用单式记账凭证（十四）

贷 项 记 账 凭 证

年　　月　　日　　　　　　　　记凭字　　号

摘　　要		总账科目	明细科目	记账	金　　额									
					千	百	十	万	千	百	十	元	角	分
对应总账科目		合　　计												

附单据　张

会计主管:　　　稽核:　　　制单:　　　出纳:　　　记账:

表 3-42　备用单式记账凭证（十五）

贷 项 记 账 凭 证

年　　月　　日　　　　　　　　记凭字　　号

摘要	总账科目	明细科目	记账	金额 千	百	十	万	千	百	十	元	角	分	附单据　张
对应总账科目		合计												

会计主管：　　稽核：　　制单：　　出纳：　　记账：

5. 操作结果展示或说明

根据第一组原始凭证应填制的单式记账凭证如表 3-43 至表 3-46 所示。

表 3-43　填制单式记账凭证示例

借 项 记 账 凭 证

2015 年 12 月 10 日　　　　　　　　记凭字 1（1/2）号

摘要	总账科目	明细科目	记账	金额 千	百	十	万	千	百	十	元	角	分	附单据 1 张
销售产品	库存现金						1	0	5	3	0	0	0	
对应总账科目	主营业务收入、应交税费	合计				¥	1	0	5	3	0	0	0	

会计主管：刘金　　稽核：孙悦　　制单：张家明　　出纳：钱劲　　记账：

表 3-44　填制单式记账凭证示例（一）

贷 项 记 账 凭 证

2015 年 12 月 10 日　　　　　　　　记凭字 1（2/2）号

摘要	总账科目	明细科目	记账	金额 千	百	十	万	千	百	十	元	角	分	附单据　张
销售C产品	主营业务收入	销售C产品						9	0	0	0	0	0	
	应交税费	应交增值税（销）						1	5	3	0	0	0	
对应总账科目	库存现金	合计				¥	1	0	5	3	0	0	0	

会计主管：刘金　　稽核：孙悦　　制单：张家明　　出纳：钱劲　　记账：

表 3-45　填制单式记账凭证示例（二）

借 项 记 账 凭 证

2015 年 12 月 10 日　　　　记凭字 2（1/2）号

摘要	总账科目	明细科目	记账	金额 千	百	十	万	千	百	十	元	角	分	附单据 1 张
现金存入银行	银行存款						1	0	5	3	0	0	0	
对应总账科目　库存现金	合计					¥	1	0	5	3	0	0	0	

会计主管：刘金　　稽核：孙悦　　制单：张家明　　出纳：钱劲　　记账：

表 3-46　填制单式记账凭证示例（二）

贷 项 记 账 凭 证

2015 年 12 月 10 日　　　　记凭字 2（2/2）号

摘要	总账科目	明细科目	记账	金额 千	百	十	万	千	百	十	元	角	分	附单据 张
现金存入银行	库存现金						1	0	5	3	0	0	0	
对应总账科目　银行存款	合计					¥	1	0	5	3	0	0	0	

会计主管：刘金　　稽核：孙悦　　制单：张家明　　出纳：钱劲　　记账：

（根据其他组原始凭证填制的单式记账凭证提示略）

6. 课堂讨论与课后作业题

（1）填制单式记账凭证是否遵守了复式记账原理？

（2）哪一行业会计实务中较多地采用单式记账凭证？

（3）在借项记账凭证和贷项记账凭证中所列示的“对应总账科目”是否作为登记账簿的依据？

3.3 审核记账凭证

1. 实训任务

按照审核和填制记账凭证的基本要求，指出实训资料所给出的各组会计凭证中记账凭证方面所存在的问题，并提出相应的处理方法。

2. 实训目的

通过记账凭证的审核，掌握记账凭证审核的作用、内容和方法，从而提高正确填制记凭证的操作技能，全面掌握有关记账凭证的实务工作要求。

3．知识准备

审核和填制记账凭证的基本要求，是审核记账凭证实务工作的基本准绳。因此，请参阅附录 B《会计基础工作规范》，为进行记账凭证的审核做好准备。

4．实训资料与动手操作

宝路有限责任公司会计核算中采用收、付、转格式的专用记账凭证，12 月 1 日至 12 月 10 日的部分记账凭证及各记账凭证后所附的原始凭证如下所示，其中所列的原始凭证本身都是正确无误的。

（1）第一组会计凭证（见表 3-47 和表 3-48）。

表 3-47　填制记账凭证示例

转　账　凭　证　　　　转字　9　　号

2015 年 12 月 3 日　　　　总字　15　　号

摘　要	借方		记账	贷方		记账	金额										
	总账科目	明细科目		总账科目	明细科目		千	百	十	万	千	百	十	元	角	分	
购入办公用品	管理费用	办公费									2	0	0	0	0	0	附
				现金							2	0	0	0	0	0	单据
																	1
																	张
合　　　计										¥	4	0	0	0	0	0	

会计主管：刘金　　稽核：孙悦　　制单：张家明　　出纳：钱劲　　记账：

表 3-48　附原始凭证

中国工商银行现金支票存根

支票号码002365492

附加信息：

出票日期：2015年12月 3日

收款人:南江百货公司

金额：限额3 000.00

用途：购办公用品

备注：

单位主管：刘 金　会计：张家明

之印

请指出本组会计凭证中存在的 4 处问题：

①____

②____

③____

④____

因以上第__________项中的任一问题，原记账凭证应予作废并重新填制。

（2）第二组会计凭证（见表 3-49 和表 3-50）。

表 3-49　填制记账凭证示例

付　款　凭　证

贷方科目：应付账款　　　　2015 年 12 月 4 日　　　　付字　　号　　总字　　号

摘要	借方科目：总账科目	借方科目：明细科目	百	十	万	千	百	十	元	角	分	记账
购入HR256镗床	材料采购	沈阳机床总厂			5	5	0	0	0	0	0	
合计				¥	5	5	0	0	0	0	0	

附单据 7 张

会计主管：刘金　　稽核：孙悦　　制单：张家明　　出纳：钱劲　　记账：

表 3-50　附原始凭证

辽宁增值税专用发票

发　票　联

（全国统一发票监制章　国家税务总局监制）

6523290908　　　　№21080412

开票日期　2015 年 12 月 4 日

购货单位	名称	宝路有限责任公司	纳税人登记号	238011550834711
	地址、电话	南江市临江路7号	开户银行及账号	工行南江市临江路分理处92003721

货物或应税劳务名称	计量单位	数量	单价	金额：千	百	十	万	千	百	十	元	角	分	税率（%）	税额：百	十	万	千	百	十	元	角	分
HR256车床	台	1	55 000.00				5	5	0	0	0	0	0	17				9	3	5	0	0	0
合计						¥	5	5	0	0	0	0	0				¥	9	3	5	0	0	0

价税合计（大写）	仟　佰　⊗拾陆万肆仟叁佰伍拾零元零角零分		
销货单位 名称	沈阳机床总厂	纳税人登记号	410195222009423
销货单位 地址、电话	沈阳市太原街108号	开户银行及账号	工行太原街分行1936-0985
备注			

（沈阳机床总厂 增值税发票专用章）

销货单位（章）：　　收款人：江有水　　复核人：王立章　　开票人：冼之浩

第二联：发票联　购货方记账凭证

请指出本组会计凭证中存在的6处问题：

①______

②______

③______

④______

⑤______

⑥______

因以上第______项中的任一问题，原记账凭证应予作废并重新填制。

（3）第三组会计凭证（见表3-51和表3-52）。

表3-51 填制记账凭证示例

收 款 凭 证

借方科目：现 金　　2015 年 12 月 5 日　　现收字 17 号　总 字 12 号

摘 要	贷方科目 总账科目	贷方科目 明细科目	百	十	万	千	百	十	元	角	分	记账
提备用现金												
	银行存款					5	0	0	0	0	0	
合 计					¥	5	0	0	0	0	0	

附单据 1 张

会计主管：刘金　稽核：孙悦　制单：张家明　出纳：钱劲　记账：

表3-52 附原始凭证

中国工商银行现金支票存根

支票号码0124094

附加信息：

出票日期：2015年12月5日

收款人：宝路有限责任公司

金额：5 000.00

用途：提现备用

备注：

单位主管：刘 金　会计：张家明

请指出本组会计凭证中存在的 4 处问题：

①____

②____

③____

④____

因以上第____________项中的任一问题，原记账凭证应予作废并重新填制。

（4）第四组会计凭证（见表 3-53 至表 3-55）。

表 3-53 填制记账凭证示例

转 账 凭 证

2015 年 12 月 8 日

转字 11 号

总字 23 号

摘要	借方		记账	贷方		记账	金额										
	总账科目	明细科目		总账科目	明细科目		千	百	十	万	千	百	十	元	角	分
借出差旅费	其他应收款	供销科（齐）		其他应付款	南江汽修厂（押）							8	9	0	0	0
				现金							4	0	2	0	0	0
	合			计						¥	5	0	0	0	0	0

附单据 2 张

会计主管： 稽核： 制单： 出纳： 记账：

表 3-54 附原始凭证

借 款 单

2015 年 12 月 8 日 计量单位：人民币元

工作单位	姓名	申请金额	批准金额	备注：
供销科	齐新艺	5 000	5 000	
借款金额（大写）：伍仟元整			¥：5 000.00	
借款理由	采购材料差旅费 现金付讫	预计还款时间：		

第二联：记账联

批准人：刘金 审核：张家明 借款人：齐新艺 出纳：钱劲

表 3-55 附原始凭证

收 款 收 据

2015 年 12 月 8 日

今收到：南江汽车修理修配公司

交 来：租用一楼门面房押金

人民币：玖佰捌拾元整 现金收讫 ￥：980.00

收款单位（公章）：宝路有限责任公司 财务专用章

收款人	钱劲	交款人	汽修厂林月娇

第二联：记账联

财务主管：刘金 会计：张家明 出纳：钱劲 复核：

请指出本组会计凭证中存在的 5 处问题：

①__________

②__________

③__________

④__________

⑤__________

因以上第__________项中的任一问题，原记账凭证应予作废并重新填制。

（5）第五组会计凭证（见表 3-56 至表 3-58）。

表 3-56 填制记账凭证示例

转 账 凭 证

转字 18 号

年 月 日 总字 29 号

摘要	借方		记账	贷方		记账	金额									
	总账科目	明细科目		总账科目	明细科目		千	百	十	万	千	百	十	元	角	分
分配材料费	生产成本	基本生产（A）									2	1	2	0	0	0
		基本生产（B）										9	3	0	0	0
		基本生产（C）										3	3	4	0	0
		一车间										6	0	0	0	0
		二车间										4	0	0	0	0
合计										￥	4	3	8	4	0	0

附单据 1 张

会计主管： 稽核： 制单： 出纳： 记账：

表 3-57 填制记账凭证示例

转 账 凭 证

转字 19 号

年 月 日

总字 30 号

摘要	借方		记账	贷方		记账	金额									
	总账科目	明细科目		总账科目	明细科目		千	百	十	万	千	百	十	元	角	分
分配材料费	制造费用											6	0	0	0	0
				原材料	甲材料						4	9	8	0	0	0
合				计							5	5	8	0	0	0

附单据 1 张

会计主管： 稽核： 制单： 出纳： 记账：

表 3-58 附原始凭证

甲材料费用分配汇总表

2015 年 12 月 10 日

用途(或部门)	合计（元）
A产品	2120.00
B产品	930.00
C产品	334.00
一车间	600.00
二车间	400.00
公司管理部门	600.00
合 计	4980.00

财务主管：刘金 制表：张家明

请指出本组会计凭证中存在的若干处问题：

①__________

②__________

③__________

④__________

⑤__________

⑥__________

其他：__________

因以上第____________________项中的任一问题，原记账凭证应予作废并重新填制。

5．操作结果展示或说明

（1）第一组会计凭证中记账凭证上存在的4处问题是：

① 应附两张原始凭证，缺一张购办公用品的发票；

② 应填制银行付款记账凭证；

③ 如果填转账凭证，贷方科目也应填写在第一行内；

④ 贷方科目应为“银行存款”。

因以上第②、③、④项中的任一问题，原记账凭证应予作废并重新填制。

（2）第二组会计凭证中记账凭证上存在的6处问题是：

① 选用的记账凭证不正确；

② 记账凭证编号漏填；

③ 记账凭证中的摘要与原始凭证业务不相符；

④ 应记借方账户不正确；

⑤ 记账凭证中的金额与原始凭证金额不相符；

⑥ 附单据张数不正确。

因以上第①、③、④、⑤、⑥项问题，原记账凭证应予作废并重新填制。

（3）第三组会计凭证中记账凭证上存在的4处问题是：

① 选用的记账凭证不正确；

② 凭证编号存在逻辑问题；

③ 贷方科目应从第一行填起，不应空行；

④ 借方科目应为“库存现金”

因以上各项中的任一问题，原记账凭证应予作废并重新填制。

（4）第四组会计凭证中记账凭证上存在的几处问题是：

① 摘要不能正确反映所发生的经济业务；

② 不应将两笔不同性质的经济业务合并填制一账记账凭证，应分别填制收款凭证和付款凭证。该记账凭证也反映了企业存在“坐支现金”的问题。

③ 其他应付款金额错填为890.00元；

④ 应将贷方总账科目中的“现金”改为“库存现金”；

⑤ 有关人员签字漏项。

因以上第①、②、③、④项中的任一问题，原记账凭证应予作废并重新填制。

（5）第五组会计凭证中记账凭证上存在的几处问题是：

① 日期漏填；

② 凭证编号不正确，两张记账凭证的一级序号应一致，即转字序号都应为18，总字序号都应为29；

③ 总字29号记账凭证没填贷方科目名称；

④ 总字 30 号记账凭证借方科目错误；

⑤ 总字 30 号记账凭证贷方科目应在第一行填写；

⑥ 总字 30 号记账凭证合计行合计数前的人民币符号漏填；

⑦ 总字 30 号记账凭证空行没在金额栏画斜线；

⑧ 有关人员签字漏填；

⑨ 附单据张数填写不正确。

因以上第②、③、④、⑤、⑥项问题，原记账凭证应予作废并重新填制。

6．课堂讨论与课后作业题

（1）如何才能做好记账凭证的审核工作？

（2）如何认识会计工作中细小的工作环节？

第 4 章　应用会计账簿实训

本章提要

为了系统、全面地反映和监督一个会计主体在一定时期内经济业务的变化情况，需要把分散在会计凭证上的核算资料进行归类和整理，并登记到账簿中。设置和登记账簿是会计核算的方法之一，也是会计核算工作承上启下的重要环节。通过本章设置实训内容包括：熟悉账簿的种类、格式；掌握在账簿中开立各种账户和正确进行账簿登记的方法；学会编制银行存款余额调节表，正确运用会计更正错账的方法进行错账的更正。

学习目标

- 熟悉账簿的种类、格式，能够根据会计账户设置的需要选择和使用格式、类别适当的账簿。
- 掌握在账簿中开立各种账户和正确进行账簿登记的方法。
- 能够编制银行存款余额调节表，以及正确进行错账更正的操作。

学习导航

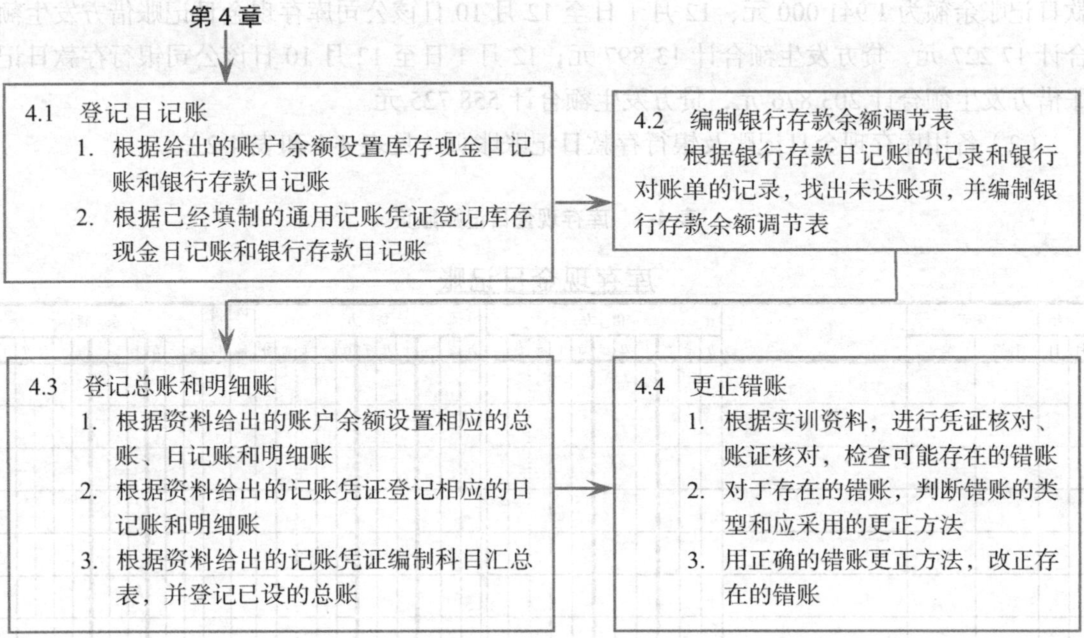

4.1 登记日记账

1. 实训任务

根据实训资料，为企业设置库存现金日记账和银行存款日记账，并根据已经填制的通用记账凭证登记账簿。具体任务是：

（1）根据给出的账户余额设置库存现金日记账和银行存款日记账（见表 4-1 和表 4-2）；

（2）根据已经填制的通用记账凭证登记库存现金日记账和银行存款日记账。

2. 实训目的

日记账也称序时账，是按照经济业务发生的先后顺序，逐日逐笔登记经济业务的账簿。各会计主体通常只对现金及银行存款设置日记账，以加强对库存现金和银行存款的管理。通过实训掌握日记账“逐日逐笔，日清月结”的登记特点及登记方法。

3. 知识准备

按照《会计基础工作规范》的要求，登记账簿时，应将会计凭证的日期、编号、经济业务的内容摘要、金额等逐项记入账内，注意做到数字准确、摘要清楚、字迹工整规范；登记完毕应注明过账符号；每一账页登记完毕需要结转下页时，注意正确办理“转次承前”。

4．实训资料与动手操作

（1）2015 年宝路有限责任公司 12 月 1 日，库存现金日记账余额为 31 000 元，银行存款日记账余额为 1 941 000 元；12 月 1 日至 12 月 10 日该公司库存现金日记账借方发生额合计 17 227 元，贷方发生额合计 13 897 元；12 月 1 日至 12 月 10 日该公司银行存款日记账借方发生额合计 203 876 元，贷方发生额合计 558 725 元。

（2）备用库存现金日记账及银行存款日记账账页（见表 4-1 和表 4-2）。

表 4-1　库存现金日记账账页

库存现金日记账

年		凭证		摘要	借方											贷方											核对号	借或贷	余额										
月	日	种类	编号		万	千	百	十	万	千	百	十	元	角	分	万	千	百	十	万	千	百	十	元	角	分			万	千	百	十	万	千	百	十	元	角	分

表 4-2　银行存款日记账账页

银行存款日记账

年		凭证		摘要	借方											贷方											核对号	借或贷	余额										
月	日	种类	编号		万	千	百	十	万	千	百	十	元	角	分	万	千	百	十	万	千	百	十	元	角	分			万	千	百	十	万	千	百	十	元	角	分

（3）以“3. 1 填制复式记账凭证——1. 实训任务——（4）根据原始凭证填制通用记账凭证”中所完成的通用记账凭证为依据，进行日记账登记的操作。

5. 操作结果展示或说明

（1）库存现金日记账 2015 年 12 月 10 日至 12 月 31 日：借方发生额合计 19 750 元，贷方发生额合计 19 260 元，月末余额 34 820 元。

（2）银行存款日记账 2015 年 12 月 10 日至 12 月 31 日：借方发生额合计 1 643 817.54 元，贷方发生额合计 1 311 772 元，月末余额 1 918 196.54 元。

6. 课堂讨论与课后作业题

（1）库存现金日记账和银行存款日记账登记的特点是什么？

（2）在登记日记账时应注意哪些问题？

4.2 编制银行存款余额调节表

1. 实训任务

根据宝路有限责任公司 2015 年 12 月和 2016 年 1 月银行存款日记账的记录和银行对账单的记录，找出未达账项，并编制 2015 年 12 月和 2016 年 1 月的银行存款余额调节表。

2. 实训目的

通过实训，掌握银行存款余额调节表的编制。

3. 知识准备

将宝路有限责任公司 2015 年 12 月和 2016 年 1 月的银行存款日记账记录和银行对账单记录逐笔勾对，找出未达账项并判断划分未达账项的类型，按照补记收付调节法编制两个月的银行存款余额调节表，核对调节后的余额。

4. 实训资料与动手操作

（1）实训资料一。登记完成的宝路有限责任公司银行存款日记账（见表 4-2，在 12 月 20 日前，该公司 2015 年 12 月银行存款日记账的记录和银行对账单的记录相符）和 2015 年 12 月 20 日至 12 月 31 日银行存款对账单（见表 4-3）。

（2）动手操作一。根据实训资料一，查找未达账项并做相应的记录与分析，再利用表 4-4，编制 2015 年 12 月 31 日银行存款余额调节表。

表 4-3　银行对账单示例

中国工商银行南江市临江路分理处对账单

2015 年 12 月 31 日　　　　单位：元

2015年		对方科目代码	摘　要	结算凭证编号		借　方	贷　方	余　额
月	日			现金支票	结算凭证			
			以上略					1 620 769.00
12	21	010	委托收款		420043443	17 500.00		1 603 269.00
	27	044	汇兑		739902		3 000.00	1 606 269.00
	28	065	银行汇票		002359		116 209.00	1 722 478.00
	28	010	委托收款		447899500	7 120.00		1 715 358.00
	31	098	商业汇票		05405		243 798.54	1 959 156.54
	31	011	委托收款		467588766		6 570.00	1 965 726.54
	31	035	转账支票		00236798	81 000.00		1 884 726.54

表 4-4　备用银行存款余额调节表

银行存款余额调节表

年　月　日　　　　单位：元

项　目		金　额	项　目		金　额
企业银行存款日记账余额			银行对账单余额		
加：			加：		
减：			减：		
调节后余额			调节后余额		

会计主管：　　　　制表：　　　　稽核：

（3）实训资料二。2015 年 12 月 31 日宝路公司编制完成的银行存款余额调节表、宝路公司收到的 2016 年 1 月 1 日至 1 月 31 日银行存款对账单（见表 4-5）、2016 年 1 月 1 日至 1 月 31 日企业银行存款日记账（见表 4-6）。

表 4-5 银行对账单示例

中国工商银行南江市临江路分理处对账单

2016 年 1 月 31 日 单位：元

2016 年 月	日	对方科目代码	摘要	结算凭证编号 现金支票	结算凭证	借方	贷方	余额
1	1		月初余额					1 884 726.54
	1	012	转账支票		754483231		49 920.00	1 934 646.54
	2	047	转账支票		00236797	98 000.00		1 836 646.54
	6	069	银行汇票		087659	11 468.45		1 825 178.09
	10	008	现金支票		567658453	7 000.00		1 818 178.09
	17	058	银行汇票		097645	26 7690.00		1 550 488.09
	23	017	转账支票		47678856		95 000.00	1 645 488.09
	26	037	委托收款		08876567	13 420.80		1 632 067.29
	30	095	委托收款		07655480		88 640.00	1 720 707.29
	30	077	转账支票		34332556	7 644.00		1 713 063.29
	31	044	委托收款		13365200	4 100.00		1 708 963.29

表 4-6 银行存款日记账示例

银行存款日记账

2016年 月	日	凭证 种类	编号	摘要	借方（万千百十万千百十元角分）	贷方（万千百十万千百十元角分）	核对号	借或贷	余额（万千百十万千百十元角分）
1	1			余额				借	191819654
	1	记	2	付水费		712000		借	191107654
	1	记	4	付货款		8100000		借	183007654
	2	记	7	收欠款	657000			借	183664654
	6	记	9	付税款		1146845		借	182511809
	10	记	16	提现金		700000		借	181817809
	17	记	25	购设备		26769000		借	155048809
	23	记	33	预收款	9500000			借	164548809
	26	记	40	付电费		1342080		借	163206729
	29	记	46	收货款	8559000			借	171765729
	30	记	50	付运费		764400		借	171001329
	30	记	56	付货款		13668300		借	157333029
	31	记	58	预收款	5630000				162963029

（4）动手操作二。根据实训资料二，查找未达账项并作相应的记录与分析，再利用表 4-7，编制 2016 年 1 月 31 日银行存款余额调节表。

📖 **分析与操作提示**：首先，将上月“银行存款余额调节表”与本月“对账单”和“银行存款日记账”核对，勾销上月未达账项在本月已达的账项；然后，再根据本月“对账单”和“银行存款日记账”，查找出本月存在的未达账项并编制银行存款余额调节表。

表4-7　银行存款余额调节表示例

银行存款余额调节表

2016年1月31日　　单位：元

项　目		金　额	项　目		金　额
企业银行存款日记账余额			银行对账单余额		
加：			加：		
减：			减：		
调节后余额			调节后余额		

会计主管：　　制表：　　稽核：

5. 操作结果展示或说明（见表4-8和表4-9）

表4-8　银行存款余额调节表

银行存款余额调节表

2015年12月31日　　单位：元

项　目		金　额	项　目		金　额
企业银行存款日记账余额		1 918 196.54	银行对账单余额		1 884 726.54
加：银行已收企业未收未达账项		6 570	加：企业已收银行未收未达账项		49 920
减：银行已付企业未付未达账项		81 000	减：企业已付银行未付未达账项		98 000
		7 120			
调节后余额		1 836 646.54	调节后余额		1 836 646.54

会计主管：　　制表：　　稽核：

表 4-9 银行存款余额调节表

银行存款余额调节表

2016 年 1 月 31 日　　单位：元

项　目	金　额	项　目	金　额
企业银行存款日记账余额	1 629 630.29	银行对账单余额	1 708 963.29
加：银行已收企业未收未达账项	88 640	加：企业已收银行未收未达账项	85 590
			56 300
企业银行存款日记账余额	1 629 630.29	银行对账单余额	1 708 963.29
减：银行已付企业未付未达账项	4 100	减：企业已付银行未付未达账项	136 683
调节后余额	1 714 170.29	调节后余额	1 714 170.29

会计主管：　　制表：　　稽核：

6．课堂讨论与课后作业题

（1）为什么要进行银行存款核对？编制银行存款调节表的目的是什么？

（2）是否可以按照银行存款余额调节表补记企业的银行存款日记账？

4.3 登记总账和明细账

1．实训任务

根据实训资料，为企业设置相应的总账和明细账（采用“T”账形式），并根据记账凭证进行登记。具体任务是：

（1）根据资料给出的账户余额设置相应的总账、日记账和明细账（除资料中给出的明细账外，其余不再设置明细核算）；

（2）根据资料给出的记账凭证登记相应的日记账和明细账；

（3）根据资料给出的记账凭证编制科目汇总表，并登记已设的总账。

2．实训目的

通过登记总分类账和明细分类账，领会总账与明细账之间的统属关系，即总账提供总括的核算资料，并对其所属的明细账起着统驭的作用；某一总账之下的明细账，则提供该总账的详细核算资料，并对该总账起着补充说明的作用；领会某一总账金额与其所属各明细账金额之和相等的数量关系；熟悉总账与明细账的种类、格式及登记方法；掌握总账与明细账平行登记的要点。

3. 知识准备

分类账簿是对全部经济业务进行分类登记的账簿。分类账按反映经济业务的详细程度分为总账和明细账两种。设置总账和明细账时，要注意选择正确格式的账页，并注意总账与明细账的平行登记。

4. 实训资料与动手操作

（1）建华有限责任公司是一家经销电力器材的商贸企业，属一般纳税人，经营范围为配电箱和配电柜，主要供应商为釜城公司和龙安公司。该公司2015年12月1日，各总账账户余额表如表4-10所示。

表4-10　总账账户余额表

总账账户余额表

金额单位：元

账户名称	借方余额	账户名称	贷方余额
库存现金	62 000	短期借款	860 000
银行存款	4 638 879	应付账款	946 700
其他货币资金	765 540	应付职工薪酬	145 000
库存商品	3 587 800	应交税费	133 000
应收账款	438 000	其他应付款	66 000
其他应收款	45 000	长期借款	1 700 000
固定资产	16 900 000	实收资本	21 000 000
无形资产	2 600 000	资本公积	550 000
主营业务成本	4 200 000	盈余公积	446 000
其他业务成本	306 000	利润分配	66 219
营业税金及附加	315 000	累计折旧	908 400
销售费用	770 000	累计摊销	440 000
管理费用	1 694 700	主营业务收入	8 750 000
财务费用	246 000	其他业务收入	460 000
营业外支出	79 400	营业外收入	177 000
合　计	36 648 319	合　计	36 648 319

（2）该公司2015年12月1日，有关明细账余额如下（金额单位：元）：

① 应收账款——利民公司318 000元，应收账款——兴业公司120 000元。

② 应付账款——釜成公司561 000元，应付账款——龙安公司385 700元。

③ 库存商品明细账余额（见表4-11）。

④ 管理费用明细账余额（见表4-12）。

（3）根据以上资料，列出有关明细账应采用的账页格式。

表 4-11　库存商品明细账余额表

名　　称	数量（个）	单　　价	金　　额
配电箱	786	2 500	1 965 000
配电柜	4 057	400	1 622 800

表 4-12　管理费用明细账余额表

费用项目	办公费	水电费	折旧费	薪酬	业务招待费	差旅费	其他费用
金　额	187 430	162 550	568 850	234 000	348 600	117 100	761 70

（4）建华公司 2015 年 12 月发生经济业务的相关记账凭证（见表 4-13 至表 4-39）。

📖 **知识与技能拓展**：“表 4-13 记账凭证示例”是通用记账凭证的另一种格式，主要特点是没有印制合计行。这种凭证的填制要求：一是自上而下逐行顺序填写，一行只能登记一个总账科目或一个明细科目；二是先填借方内容，后填贷方内容，不需要填写合计数。

表 4-13　记账凭证示例

记 账 凭 证

2015 年 12 月 1 日　　　　记凭字　1　　号

摘　要	借方科目		贷方科目		金　额（千百十万千百十元角分）	记账
	总账科目	明细科目	总账科目	明细科目		
提现备发工资	库存现金				870000	
			银行存款		870000	

附单据 1 张

会计主管：　　稽核：　　制单：李维　　出纳：马静　　记账：

表 4-14　记账凭证示例

记 账 凭 证

2015 年 12 月 2 日　　　　记凭字　2　　号

摘　要	借方科目		贷方科目		金　额（千百十万千百十元角分）	记账
	总账科目	明细科目	总账科目	明细科目		
以现金发工资	应付职工薪酬				870000	
			库存现金		870000	

附单据 3 张

会计主管：　　稽核：　　制单：李维　　出纳：马静　　记账：

表4-15 记账凭证示例

记 账 凭 证

2015 年 12 月 1 日　　　　记凭字 3 号

摘要	借方科目		贷方科目		金额										记账
	总账科目	明细科目	总账科目	明细科目	千	百	十	万	千	百	十	元	角	分	
收回前欠销货款	银行存款														
			应收账款	利民公司			1	4	0	0	0	0	0	0	

附单据 1 张

会计主管：　　稽核：　　制单：李维　　出纳：马静　　记账：

表4-16 记账凭证示例

记 账 凭 证

2015 年 12 月 5 日　　　　记凭字 4 号

摘要	借方科目		贷方科目		金额										记账
	总账科目	明细科目	总账科目	明细科目	千	百	十	万	千	百	十	元	角	分	
销售商品款未收	应收账款	兴业公司				1	6	3	4	4	9	0	0	0	
			主营业务收入			1	3	9	7	0	0	0	0	0	
			应交税费	应交增值税（销）			2	3	7	4	9	0	0	0	

附单据 2 张

会计主管：　　稽核：　　制单：李维　　出纳：马静　　记账：

表4-17 记账凭证示例

记 账 凭 证

2015 年 12 月 6 日　　　　记凭字 5 号

摘要	借方科目		贷方科目		金额										记账
	总账科目	明细科目	总账科目	明细科目	千	百	十	万	千	百	十	元	角	分	
归还到期短期借款	短期借款						4	0	0	0	0	0	0	0	
与利息	财务费用							5	2	8	0	0	0	0	
			银行存款				4	5	2	8	0	0	0	0	

附单据 2 张

会计主管：　　稽核：　　制单：李维　　出纳：马静　　记账：

表 4-18 记账凭证示例

记 账 凭 证

2015 年 12 月 6 日 记凭字 6 号

摘要	借方科目		贷方科目		金额										记账
	总账科目	明细科目	总账科目	明细科目	千	百	十	万	千	百	十	元	角	分	
支付电费	管理费用	水电费						3	2	1	0	0	0	0	
			银行存款					3	2	1	0	0	0	0	

附单据 2 张

会计主管： 稽核： 制单：李维 出纳：马静 记账：

表 4-19 记账凭证示例

记 账 凭 证

2015 年 12 月 8 日 记凭字 7 号

摘要	借方科目		贷方科目		金额										记账
	总账科目	明细科目	总账科目	明细科目	千	百	十	万	千	百	十	元	角	分	
支付前欠购货款	应付账款	签成公司					2	6	1	0	0	0	0	0	
			银行存款				2	6	1	0	0	0	0	0	

附单据 1 张

会计主管： 稽核： 制单：李维 出纳：马静 记账：

表 4-20 记账凭证示例

记 账 凭 证

2015 年 12 月 9 日 记凭字 8 号

摘要	借方科目		贷方科目		金额										记账
	总账科目	明细科目	总账科目	明细科目	千	百	十	万	千	百	十	元	角	分	
销售商品款未收	应收账款	利民公司				1	5	7	3	6	5	0	0	0	
			主营业务收入			1	3	4	5	0	0	0	0	0	
			应交税费	应交增值税（销）			2	2	8	6	5	0	0	0	

附单据 2 张

会计主管： 稽核： 制单：李维 出纳：马静 记账：

表4-21 记账凭证示例

记 账 凭 证

2015 年 12 月 9 日　　记凭字 9 号

摘要	借方科目		贷方科目		金额										记账
	总账科目	明细科目	总账科目	明细科目	千	百	十	万	千	百	十	元	角	分	
支付前欠购货款	应付账款	荃成公司					1	5	0	0	0	0	0	0	
			银行存款				1	5	0	0	0	0	0	0	

附单据 1 张

会计主管：　稽核：　制单：李维　出纳：马静　记账：

表4-22 记账凭证示例

记 账 凭 证

2015 年 12 月 9 日　　记凭字 10 号

摘要	借方科目		贷方科目		金额										记账
	总账科目	明细科目	总账科目	明细科目	千	百	十	万	千	百	十	元	角	分	
支付水费	管理费用	水电费							3	7	0	0	0	0	
			银行存款						3	7	0	0	0	0	

附单据 2 张

会计主管：　稽核：　制单：李维　出纳：马静　记账：

表4-23 记账凭证示例

记 账 凭 证

2015 年 12 月 10 日　　记凭字 11 号

摘要	借方科目		贷方科目		金额										记账
	总账科目	明细科目	总账科目	明细科目	千	百	十	万	千	百	十	元	角	分	
收回前欠销货款	银行存款					2	3	6	0	0	0	0	0	0	
			应收账款	利民公司		1	5	0	0	0	0	0	0	0	
				兴业公司			8	6	0	0	0	0	0	0	

附单据 2 张

会计主管：　稽核：　制单：李维　出纳：马静　记账：

表 4-24 记账凭证示例

记 账 凭 证

2015 年 12 月 10 日　　　　记凭字 12 号

摘要	借方科目		贷方科目		金额										记账
	总账科目	明细科目	总账科目	明细科目	千	百	十	万	千	百	十	元	角	分	
支付广告费	销售费用							3	5	0	0	0	0	0	
			银行存款					3	5	0	0	0	0	0	

附单据 2 张

会计主管：　稽核：　制单：李维　出纳：马静　记账：

表 4-25 记账凭证示例

记 账 凭 证

2015 年 12 月 11 日　　　　记凭字 13 号

摘要	借方科目		贷方科目		金额										记账
	总账科目	明细科目	总账科目	明细科目	千	百	十	万	千	百	十	元	角	分	
购办公用品	管理费用	办公费							5	5	0	0	0	0	
			银行存款						5	5	0	0	0	0	

附单据 2 张

会计主管：　稽核：　制单：李维　出纳：马静　记账：

表 4-26 记账凭证示例

记 账 凭 证

2015 年 12 月 11 日　　　　记凭字 14 号

摘要	借方科目		贷方科目		金额										记账
	总账科目	明细科目	总账科目	明细科目	千	百	十	万	千	百	十	元	角	分	
购入商品验收入库	库存商品	配电柜					3	2	0	0	0	0	0	0	
		配电箱					7	5	0	0	0	0	0	0	
	应交税费	应交增值税（进）					1	8	1	9	0	0	0	0	
			应付账款	龙安公司		1	2	5	1	9	0	0	0	0	

附单据 2 张

会计主管：　稽核：　制单：李维　出纳：马静　记账：

表 4-27 记账凭证示例

记 账 凭 证

2015 年 12 月 12 日　　　　记凭字 15 号

摘要	借方科目		贷方科目		金额										记账
	总账科目	明细科目	总账科目	明细科目	千	百	十	万	千	百	十	元	角	分	
收回前欠销货款	银行存款						4	0	0	0	0	0	0	0	
			应收账款	兴业公司			4	0	0	0	0	0	0	0	

附单据 1 张

会计主管：　　稽核：　　制单：李维　　出纳：马静　　记账：

表 4-28 记账凭证示例

记 账 凭 证

2015 年 12 月 13 日　　　　记凭字 16 号

摘要	借方科目		贷方科目		金额										记账
	总账科目	明细科目	总账科目	明细科目	千	百	十	万	千	百	十	元	角	分	
收到投入资本	银行存款					3	0	0	0	0	0	0	0	0	
			实收资本			3	0	0	0	0	0	0	0	0	

附单据 2 张

会计主管：　　稽核：　　制单：李维　　出纳：马静　　记账：

表 4-29 记账凭证示例

记 账 凭 证

2015 年 12 月 14 日　　　　记凭字 17 号

摘要	借方科目		贷方科目		金额										记账
	总账科目	明细科目	总账科目	明细科目	千	百	十	万	千	百	十	元	角	分	
付办公费	管理费用	办公费								4	1	0	0	0	
			库存现金							4	1	0	0	0	

附单据 1 张

会计主管：　　稽核：　　制单：李维　　出纳：马静　　记账：

表 4-30 记账凭证示例

记 账 凭 证

2015 年 12 月 16 日　　记凭字 18 号

摘要	借方科目		贷方科目		金额										记账
	总账科目	明细科目	总账科目	明细科目	千	百	十	万	千	百	十	元	角	分	
付业务招待费	管理费用	业务招待费							3	6	8	0	0	0	
			库存现金						3	6	8	0	0	0	

附单据 1 张

会计主管：　　稽核：　　制单：李维　　出纳：马静　　记账：

表 4-31 记账凭证示例

记 账 凭 证

2015 年 12 月 18 日　　记凭字 19 号

摘要	借方科目		贷方科目		金额										记账
	总账科目	明细科目	总账科目	明细科目	千	百	十	万	千	百	十	元	角	分	
购入商品验收入库	库存商品	配电柜					3	6	0	0	0	0	0	0	
		配电箱					3	0	0	0	0	0	0	0	
	应交税费	应交增值税（进）					1	1	2	2	0	0	0	0	
			应付账款	荃成公司			7	7	2	2	0	0	0	0	

附单据 1 张

会计主管：　　稽核：　　制单：李维　　出纳：马静　　记账：

表 4-32 记账凭证示例

记 账 凭 证

2015 年 12 月 21 日　　记凭字 20 号

摘要	借方科目		贷方科目		金额										记账
	总账科目	明细科目	总账科目	明细科目	千	百	十	万	千	百	十	元	角	分	
支付前欠购货款	应付账款	龙安公司				1	1	0	0	0	0	0	0	0	
			银行存款			1	1	0	0	0	0	0	0	0	

附单据 1 张

会计主管：　　稽核：　　制单：李维　　出纳：马静　　记账：

表 4-33　记账凭证示例

记 账 凭 证

2015 年 12 月 25 日　　记凭字　21　号

摘要	借方科目		贷方科目		金额										记账
	总账科目	明细科目	总账科目	明细科目	千	百	十	万	千	百	十	元	角	分	
付办公室修缮费	管理费用	其他费用							6	2	0	0	0	0	
			银行存款						6	2	0	0	0	0	

附单据 2 张

会计主管：　稽核：　制单：李维　出纳：马静　记账：

表 4-34　记账凭证示例

记 账 凭 证

2015 年 12 月 28 日　　记凭字　22　号

摘要	借方科目		贷方科目		金额										记账
	总账科目	明细科目	总账科目	明细科目	千	百	十	万	千	百	十	元	角	分	
计提本月职工薪酬	销售费用							6	5	1	0	0	0	0	
	管理费用	薪酬						4	3	7	0	0	0	0	
			应付职工薪酬				1	0	8	8	0	0	0	0	

附单据 2 张

会计主管：　稽核：　制单：李维　出纳：马静　记账：

表 4-35　记账凭证示例

记 账 凭 证

2015 年 12 月 14 日　　记凭字　23　号

摘要	借方科目		贷方科目		金额										记账
	总账科目	明细科目	总账科目	明细科目	千	百	十	万	千	百	十	元	角	分	
计提本月销售税金	营业税及附加							9	4	4	0	0	0	0	
			应交税费	应交城建税				6	6	0	8	0	0	0	
				教育费附加				2	8	3	2	0	0	0	

附单据 1 张

会计主管：　稽核：　制单：李维　出纳：马静　记账：

表 4-36 记账凭证示例

记 账 凭 证

2015 年 12 月 31 日　　　　记凭字 24 号

摘要	借方科目		贷方科目		金额										记账
	总账科目	明细科目	总账科目	明细科目	千	百	十	万	千	百	十	元	角	分	
结转本月销货成本	主营业务成本					2	0	8	5	0	0	0	0	0	
			库存商品	配电柜		1	1	6	0	0	0	0	0	0	
				配电箱			9	2	5	0	0	0	0	0	

附单据 3 张

会计主管：　　稽核：　　制单：李维　　出纳：马静　　记账：

表 4-37 记账凭证示例

记 账 凭 证

2015 年 12 月 31 日　　　　记凭字 25 号

摘要	借方科目		贷方科目		金额										记账
	总账科目	明细科目	总账科目	明细科目	千	百	十	万	千	百	十	元	角	分	
支付前欠购货款	应付账款	荃成公司					8	0	0	0	0	0	0	0	
			银行存款				8	0	0	0	0	0	0	0	

附单据 1 张

会计主管：　　稽核：　　制单：李维　　出纳：马静　　记账：

表 4-38 记账凭证示例

记 账 凭 证

2015 年 12 月 31 日　　　　记凭字 26 号

摘要	借方科目		贷方科目		金额										记账
	总账科目	明细科目	总账科目	明细科目	千	百	十	万	千	百	十	元	角	分	
计提固定资产折旧	销售费用						1	7	9	0	0	0	0	0	
	管理费用	折旧费					1	5	4	0	0	0	0	0	
			累计折旧				3	3	3	0	0	0	0	0	

附单据 1 张

会计主管：　　稽核：　　制单：李维　　出纳：马静　　记账：

表 4-39　记账凭证示例

记账凭证																
		2015 年 12 月 31 日			记凭字　27　号											
摘　要	借方科目		贷方科目		金　额										记账	
	总账科目	明细科目	总账科目	明细科目	千	百	十	万	千	百	十	元	角	分		附单据
摊销无形资产	管理费用	其他费用					1	2	0	0	0	0	0	0		1
			累计摊销				1	2	0	0	0	0	0	0		张
会计主管：	稽核：	制单：李维	出纳：马静	记账：												

5．操作结果展示或说明

见第 5 章 5.1 节“5. 操作结果展示或说明”。

6．课堂讨论与课后作业题

（1）为什么要对总账和明细账进行平行登记？平行登记的要点是什么？

（2）比较以记账凭证为依据直接登记总账与以科目汇总表为依据登记总账的区别及各自的优缺点、适用范围。

4.4　更正错账

1．实训任务

（1）根据实训资料，进行凭证核对、账证核对，检查可能存在的错账。

（2）对于存在的错账，判断错账的类型和应采用的更正方法。

（3）用正确的错账更正方法，改正存在的错账。

2．实训目的

通过实训进一步理解和掌握错账的正确更正方法。

3．知识准备

在实训前学习《企业会计准则第 28 号——会计政策、会计估计和差错更正》及《会计基础工作规范》中关于差错更正的要求，领会相关的规定。

4．实训资料与动手操作

旭日工贸有限公司 2015 年 11 月“销售费用”总账相关业务已全部登记入账，现有五项经济业务的记账凭证和相关账簿资料如表 4-40 至表 4-49 所示。（其他业务无误，略）

（1）转账支付商品销售展览费 71 600 元。（原始凭证略）

表 4-40 记账凭证示例

记 账 凭 证

2015 年 11 月 8 日　　　　记凭字 24 号

摘要	借方科目		贷方科目		金额										记账
	总账科目	明细科目	总账科目	明细科目	千	百	十	万	千	百	十	元	角	分	
付展览费	销售费用	展览费							7	1	6	0	0	0	√
			银行存款						7	1	6	0	0	0	√

附单据 2 张

会计主管：　稽核：　制单：刘莉　出纳：许平　记账：李小雨

（2）以现金支付业务招待费 5 400 元。（原始凭证略）

表 4-41 记账凭证示例

记 账 凭 证

2015 年 11 月 13 日　　　　记凭字 33 号

摘要	借方科目		贷方科目		金额										记账
	总账科目	明细科目	总账科目	明细科目	千	百	十	万	千	百	十	元	角	分	
付业务招待费	销售费用	业务招待费							5	4	0	0	0	0	√
			库存现金						5	4	0	0	0	0	√

附单据 1 张

会计主管：　稽核：　制单：刘莉　出纳：许平　记账：李小雨

（3）转账支付商店本月的租金 8 000 元。（原始凭证略）

表 4-42 记账凭证示例

记 账 凭 证

2015 年 11 月 22 日　　　　记凭字 41 号

摘要	借方科目		贷方科目		金额										记账
	总账科目	明细科目	总账科目	明细科目	千	百	十	万	千	百	十	元	角	分	
付展览费	销售费用	展览费								8	0	0	0	0	√
			银行存款							8	0	0	0	0	√

附单据 2 张

会计主管：　稽核：　制单：刘莉　出纳：许平　记账：李小雨

（4）销售部门领用物料用品 4 200 元，采用一次摊销法。（原始凭证略）

表 4-43　记账凭证示例

记 账 凭 证

2015 年 11 月 25 日　　记凭字 50 号

摘 要	借方科目 总账科目	借方科目 明细科目	贷方科目 总账科目	贷方科目 明细科目	金额（千百十万千百十元角分）	记账
销售领用物料用品	销售费用	物料消耗			4200000	√
			物料用品		4200000	√

附单据 1 张

会计主管：　稽核：　制单：刘莉　出纳：许平　记账：李小雨

（5）以现金支付销售部门柜台修理费 550 元。

表 4-44　记账凭证示例

记 账 凭 证

2015 年 11 月 26 日　　记凭字 53 号

摘 要	借方科目 总账科目	借方科目 明细科目	贷方科目 总账科目	贷方科目 明细科目	金额（千百十万千百十元角分）	记账
付柜台修费	管理费用	修改费			550000	√
			库存现金		550000	√

附单据 1 张

会计主管：　稽核：　制单：刘莉　出纳：许平　记账：李小雨

表 4-45　销售费用总账示例

总　　账

会计科目：销售费用

2015年 月	日	记账凭证 种类	编号	摘 要	借方（百十万千百十元角分）	贷方（百十万千百十元角分）	核对号	借或贷	余额（百十万千百十元角分）
11	8			承前页				借	65475100
	8	记	24	展览费	716000				
	13	记	33	业务招待	540000				
	22	记	41	租赁费	80000				
	25	记	50	物料用品	4200000				

表 4-46 库存现金日记账示例

库存现金日记账

2015年 月	日	记账凭证 种类	编号	摘要	借方	贷方	核对号	借或贷	余额
11	8			承前页				借	6378.00
	8	记	26	差旅费		3000.00			3378.00
	13	记	32	提取现金	10000.00				13378.00
	13	记	33	业务招待		5400.00			7978.00
	26	记	53	付修理费		5500.##			2478.00

表 4-47 银行存款日记账示例

银行存款日记账

2015年 月	日	记账凭证 种类	编号	摘要	借方	贷方	核对号	借或贷	余额
11	8			承前页				借	218600.00
	8	记	24	展览费		7160.00			211440.00
	22	记	41	付租金		800.00			210640.00
	25	记	47	付货款		29400.00			181240.00

表 4-48 管理费用总账示例

总 账

会计科目：管理费用

2015年 月	日	记账凭证 种类	编号	摘要	借方	贷方	核对号	借或贷	余额
11	8			承前页				借	41206.00
	10	记	24	办公费	720.00				
	16	记	38	房产税	5200.00				
	26	记	53	修理费	5500.00				

表 4-49　物料用品总账示例

总　　账

会计科目：物料用品

2015年 月	日	记账凭证 种类	编号	摘要	借方（百十万千百十元角分）	贷方（百十万千百十元角分）	核对号	借或贷	余额（百十万千百十元角分）
11	8			承前页				借	4795000
	25	记	50	领用		4200000			

5. 操作结果展示或说明

（1）第一项业务凭证无误，过账时错记为“7 160”，采用划线更正法。

（2）第二项业务错用会计科目，业务招待费应记入“管理费用”，采用红字更正法，冲销原错误记录，并编制正确的凭证据以登记入账。

（3）第三项业务凭证与过账金额写小，采用补充登记法，补记少记的金额 7 200 元。

（4）第四项业务凭证与过账金额写大，采用红字更正法，冲减多记的金额 37 800 元。

（5）第五项业务凭证及过账科目与金额均错误，采用红字更正法，冲销原错误记录，并编制正确的凭证登记入账。

6. 课堂讨论与课后作业题

（1）错账更正方法分别适用于什么情形？

（2）在更正差错时应注意哪些问题？

第 5 章　编制会计报表实训

本章提要

会计报表是综合反映会计主体财务状况及经营成果的书面文件，是根据日常会计核算资料归集、整理、汇总后编制形成的，是会计核算的最终成果。会计主体编制报表的目的是为信息需求者提供有用的信息。通过本章实训，掌握资产负债表和利润表的编制方法，强化对期末业务处理理论知识的理解，培养期末对账、结账的实际操作能力；同时，理解资产负债表和利润表的编制原理和构成，熟悉报表的编制过程和方法。在编制报表之前，应认真审核账簿记录，做到账实相符、账证相符、账账相符，并按照规定的程序转账、结账，保证会计报表数字真实、内容完整、计算准确、说明清楚。

学习目标

- 了解财务会计报告的内容及资产负债表、利润表等编制的意义。
- 熟悉会计报表的种类和编制程序。
- 掌握期末会计事项的处理程序和方法以及会计报表的列报格式和列报方法。
- 能够编制资产负债表和利润表。

学习导航

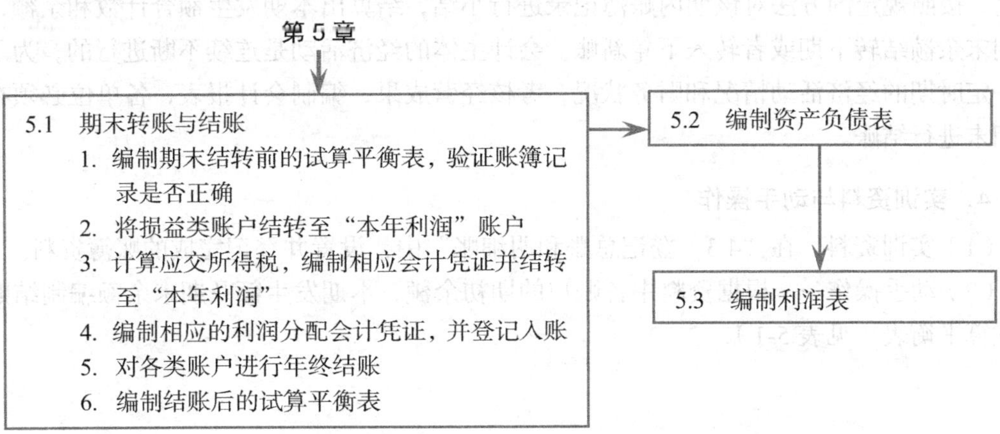

5.1 期末转账与结账

1. 实训任务

根据所给企业核算资料，完成当期期末转账业务处理，进行年终对账、结账，编制试算平衡表，最后根据企业期初、期末数据编制资产负债表和利润表。具体操作程序及要求是：

（1）在“4.3 登记总账和明细账”中，所有业务均已登记入账的基础上，编制期末结转前的试算平衡表，验证账簿记录是否正确。

（2）将损益类账户结转至“本年利润”账户。

（3）建华有限公司所得税税率为 25%，没有纳税调整事项，计算该企业本年应交所得税，编制相应会计凭证并结转至“本年利润”。

（4）建华公司利润分配方案为：按净利润 10%提取盈余公积，按可供分配利润的 70%向投资人分配利润，其余为未分配利润。编制相应的利润分配会计凭证，并登记入账。

（5）对各类账户进行年终结账（注意结转时的程序和步骤，结账的具体做法参见《会计基础工作规范》的要求）。

（6）编制结账后的试算平衡表。

2. 实训目的

为了总结会计主体某一会计期间的经济活动情况、考核经营成果，必须在会计期末进行账项的调整和结转，结计出各类账户的本期发生额和期末余额，并结转下期。期末转账与结账是编制会计报表的基础。通过实训，掌握期末转账和结账的内容、程序及方法。

3. 知识准备

结账是将本期内所发生的经济业务（含期末转账业务）全部登记入账及对账无误的基础上，按照规定的方法对该期内账簿记录进行小结，结算出本期发生额合计数和余额，并将期末余额结转下期或者转入下年新账。会计主体的经济活动是连续不断进行的，为了总结一定时期的经济活动情况和财务状况，考核经营成果，编制会计报表，各单位必须在会计期末进行结账。

4. 实训资料与动手操作

（1）实训资料。在“4.3 登记总账和明细账”中，设置并登记完成的账簿资料。

（2）动手操作一。根据资料中各账户的期初余额、本期发生额及期末余额编制结账前的试算平衡表（见表 5-1）。

表 5-1 备用试算平衡表

试 算 平 衡 表（结账前）

2015 年 12 月 31 日

账户名称	期初余额		本期发生额		期末余额	
	借 方	贷 方	借 方	贷 方	借 方	贷 方

（3）动手操作二。在完成企业期末业务结转后，根据各账户的期初余额、本期发生额及期末余额编制结账后的试算平衡表（见表 5-2）。

表 5-2 备用试算平衡表

试 算 平 衡 表（结账后）

2015 年 12 月 31 日

账户名称	借方余额	账户名称	贷方余额

🕮 **分析与操作提示：**结账前应检查所发生的经济业务是否都已经填制记账凭证，并据以记入各种账簿，有无漏记、重记等错误。如果存在错误记账情况，应在结账前及时进

行更正。同时，应在日常核算的基础上，按照权责发生制的要求及时调整需要在期末调整的账项，编制有关调整账项和有关结转的会计分录，并据以登记入账，确切地反映本期的收入、费用和资产、负债、权益，进而确认和计量报表要素。

5. 操作结果展示或说明

（1）结账前的试算平衡表（见表 5-3）。

表 5-3 试算平衡表示例

试 算 平 衡 表（结转前）

2015 年 12 月 31 日

账户名称	期初余额		本期发生额		期末余额	
	借 方	贷 方	借 方	贷 方	借 方	贷 方
库存现金	62 000		87 000	91 090	57 910	
银行存款	4 638 879		5 900 000	2 933 300	7 605 579	
其他货币资金	765 540				765 540	
库存商品	3 587 800		1 730 000	2 085 000	3 232 800	
应收账款	438 000		3 208 140	2 900 000	746 140	
其他应收款	45 000				45 000	
固定资产	16 900 000				16 900 000	
无形资产	2 600 000				2 600 000	
主营业务成本	4 200 000		2 085 000		6 285 000	
其他业务成本	306 000				306 000	
营业税金及附加	315 000		94 400		409 400	
销售费用	770 000		279 100		1 049 100	
管理费用	1 694 700		369 290		2 063 990	
财务费用	246 000		52 800		298 800	
营业外支出	79 400				79 400	
短期借款		860 000	400 000			460 000
应付账款		946 700	2 311 000	2 024 100		659 800
应付职工薪酬		145 000	87 000	108 800		166 800
应交税费		133 000	294 100	560 540		399 440
其他应付款		66 000				66 000
长期借款		1 700 000				1 700 000
实收资本		21 000 000		3 000 000		24 000 000
资本公积		550 000				550 000

续表

账户名称	期初余额		本期发生额		期末余额	
	借　方	贷　方	借　方	贷　方	借　方	贷　方
盈余公积		446 000				446 000
利润分配		66 219				66 219
累计折旧		908 400		333 000		1 241 400
累计摊销		440 000		120 000		560 000
主营业务收入		8 750 000		2 742 000		11 492 000
其他业务收入		460 000				460 000
营业外收入		177 000				177 000
合　计	36 648 319	36 648 319	16 897 830	16 897 830	42 444 659	42 444 659

（2）结账后的试算平衡表（见表 5-4）。

表 5-4　试算平衡表示例

试　算　平　衡　表（结账后）

2015 年 12 月 31 日

账户名称	借方余额	账户名称	贷方余额
库存现金	57 910	短期借款	460 000
银行存款	7 605 579	应付账款	659 800
其他货币资金	765 540	应付职工薪酬	166 800
库存商品	3 232 800	应交税费	808 767.5
应收账款	746 140	其他应付款	66 000
其他应收款	45 000	长期借款	1 700 000
固定资产	16 900 000	实收资本	24 000 000
无形资产	2 600 000	资本公积	550 000
		盈余公积	568 798.25
		利润分配	351 420.97
		累计折旧	1 241 400
		累计摊销	560 000
		应付股利	819 982.28
合　计	31 952 969	合　计	31 952 969

6．课堂讨论与课后作业题

（1）期末转账与结账的工作程序是什么？

（2）结账的意义是什么？

5.2 编制资产负债表

1. 实训任务

本实训是第 4 章“4.3 登记总账和明细账”实训和本章“5.1 期末转账与结账”实训的连续。在本章“5.1 期末转账与结账”实训编制的试算平衡表（结账后）基础上，编制建华有限公司 2015 年 12 月 31 日的资产负债表。

2. 实训目的

资产负债表是以“资产=负债+所有者权益”的会计平衡原理而编制的，反映企业特定日期财务状况的报表。资产负债表所列示的相关内容有助于分析、评价并预测企业的资本结构及偿债能力。通过实训，掌握资产负债表的编制程序和方法。

3. 知识准备

财务会计报表是企业对外提供反映企业财务状况、经营成果和现金流量等会计信息的文件。财务会计报表是会计主体会计核算工作的结果，是提供会计信息的重要手段，是会计核算工作中的重要内容。其中，资产负债表是反映企业某一特定日期财务状况的报表。单位应根据财政部颁布实施的《企业会计准则——应用指南》中所规定的资产负债表项目及其内容进行报表编制。

4. 实训资料与动手操作

（1）实训资料。企业结账后编制的试算平衡表及相关账户。

（2）动手操作。根据企业结账后编制的试算平衡表及相关账户，编制资产负债表（见表 5-5）。

表 5-5 资产负债表示例

资产负债表（简表）

会企 01 表

编制单位： 2015 年 12 月 31 日 单位：元

资　产	期末余额	年初余额	负债及所有者权益	期末余额	年初余额
流动资产：			流动负债：		
货币资金			短期借款		
交易性金融资产			应付票据		
应收票据			应付账款		
应收账款			应付职工薪酬		
应收利息			应交税费		
应收股利			应付股利		
其他应收款			其他应付款		

续表

资　产	期末余额	年初余额	负债及所有者权益	期末余额	年初余额
存货			流动负债合计		
流动资产合计			非流动负债：		
非流动资产：			长期借款		
长期股权投资			应付债券		
投资性房地产			非流动负债合计		
固定资产			负债合计		
在建工程			所有者权益：		
工程物资			实收资本		
无形资产			资本公积		
长期待摊费用			盈余公积		
其他非流动资产			未分配利润		
非流动资产合计			所有者权益合计		
资产总计			负债及所有者权益总计		

5．操作结果展示或说明（见表 5-6）

表 5-6　资产负债表示例

资产负债表（简表）

会企 01 表

编制单位：建华有限公司　　2015 年 12 月 31 日　　单位：元

资　产	期末余额	年初余额	负债及所有者权益	期末余额	年初余额
流动资产：			流动负债：		
货币资金	8 429 029		短期借款	460 000	
交易性金融资产			应付票据		
应收票据			应付账款	659 800	
应收账款	746 140		应付职工薪酬	166 800	
应收利息			应交税费	808 767.5	
应收股利			应付股利	819 982.28	
其他应收款	45 000		其他应付款	66 000	
存货	3 232 800		流动负债合计	2 981 349.78	
流动资产合计	12 452 969		非流动负债：		
非流动资产：			长期借款	1 700 000	
长期股权投资			应付债券		
投资性房地产			非流动负债合计	1 700 000	
固定资产	15 658 600		负债合计	4 681 349.78	

续表

资　产	期末余额	年初余额	负债及所有者权益	期末余额	年初余额
在建工程			所有者权益：		
工程物资			实收资本	24 000 000	
无形资产	2 040 000		资本公积	550 000	
长期待摊费用			盈余公积	568 798.25	
其他非流动资产			未分配利润	351 420.97	
非流动资产合计	17 698 600		所有者权益合计	25 470 219.22	
资产总计	30 151 569		负债及所有者权益总计	30 151 569	

6．课堂讨论与课后作业题

（1）资产负债表编制的原理是什么？

（2）如何把握资产负债表编制的程序和特点？

5.3 编制利润表

1．实训任务

本实训是第4章“4.3 登记总账和明细账”实训和本章“5.1　期末转账与结账”实训的连续，编制建华有限公司利润表。

2．实训目的

利润表是反映企业在一定会计期间经营成果的会计报表。利润表的列报必须充分反映企业经营业绩的主要来源和构成，有助于使用者判断净利润的质量及其风险，有助于使用者预测净利润的持续性，从而做出正确的决策。通过实训，掌握利润表的编制程序和方法。

3．知识准备

利润表是指反映企业在一定会计期间（一般指一个会计月度、季度或一个会计年度）的经营成果的会计报表。通过利润表反应的收入、成本与费用，能够反映企业经营的业绩和管理者的经营能力；通过利润表与资产负债表的综合分析，可以评价企业的获利能力，预测企业的经营前途及利润增减趋势。这些都为报表的使用者在评估投资价值、考核管理工作、掌握信用价值等经济决策中提供重要的财务信息。

4．实训资料与动手操作

（1）实训资料。包括企业结转前的试算平衡表（见表5-3）及相关账户。

（2）动手操作。根据企业结转前的试算平衡表及相关账户，编制建华有限公司2015年12月利润表（见表5-7）与2015年年度利润表（见表5-8）。

表 5-7　利润表示例

利润表（简表）

会企 02 表

编制单位：　　2015 年 12 月　　单位：元

项　　目	本期金额	上期金额（略）
一、营业收入		
减：营业成本		
营业税金及附加		
销售费用		
管理费用		
财务费用		
资产减值损失		
加：公允价值变动收益		
投资收益		
二、营业利润		
加：营业外收入		
减：营业外支出		
三、利润总额		
减：所得税费用		
四、净利润		

表 5-8　利润表示例

利润表（简表）

会企 02 表

编制单位：　　2015 年度　　单位：元

项　　目	本期金额	上期金额（略）
一、营业收入		
减：营业成本		
营业税金及附加		
销售费用		
管理费用		
财务费用		
资产减值损失		
加：公允价值变动收益		
投资收益		

续表

项　　目	本期金额	上期金额（略）
二、营业利润		
加：营业外收入		
减：营业外支出		
三、利润总额		
减：所得税费用		
四、净利润		

5．操作结果展示或说明（见表5-9）

表5-9　利润表示例

利润表（简表）

会企02表

编制单位：建华有限公司　　　　单位：元

	2015年12月	2015年度
项　　目	本期金额	本期金额
一、营业收入	2 742 000	11 952 000
减：营业成本	2 085 000	6 591 000
营业税金及附加	94 400	409 400
销售费用	279 100	1 049 100
管理费用	369 290	2 063 990
财务费用	52 800	298 800
资产减值损失		
加：公允价值变动收益		
投资收益		
二、营业利润	–138 590	1 539 710
加：营业外收入		177 000
减：营业外支出		79 400
三、利润总额	–138 590	1 637 310
减：所得税费用		409 327.5
四、净利润	–138 590	1 227 982.5

6．课堂讨论与课后作业题

（1）利润表编制的原理是什么？

（2）如何把握利润表编制的程序和特点？

第3篇 综合模拟实训

综合模拟实训是在单项实训的基础上，通过模拟处理企业一个会计分期全过程及全部会计业务的操作实训，将单项实训的内容融会贯通、综合应用的实训操作过程。

在综合模拟实训中，不仅是对会计各核算方法总的应用实训，检验单项会计实训的学习效果，更重要的是，掌握会计工作中不同的账务处理程序，即如何根据企业经济业务的特点及对企业会计核算的要求设置账户，组织和安排会计凭证、会计账簿，以及会计报表之间的记账与报账的关系。

本篇实训的内容主要是科目汇总表账务处理程序和汇总记账凭证账务处理程序。

第 6 章　基础会计综合实训

本章提要

企业的会计工作是由多个环节构成的一个系统过程。综合实训是在单项实训的基础上，按照会计凭证、会计账簿、会计报表和账务处理程序相结合的方式进行的完整、系统的会计技能训练。本章通过模拟企业一个会计循环工作过程，以检验和巩固单项会计实训的学习效果，进一步体验会计工作中对不同会计技能的操作要求，以提高和增强各项会计操作技能的综合应用能力。

学习目标

- 了解企业会计业务的一般处理程序与企业会计的具体工作过程及基本内容。
- 熟悉企业会计核算七项技术方法的关系及衔接。
- 掌握科目汇总表账务处理程序和汇总记账凭证账务处理程序。
- 能够综合运用单项模拟实训中所掌握的会计技能，完成一个会计循环中全部的会计操作工作。

学习导航

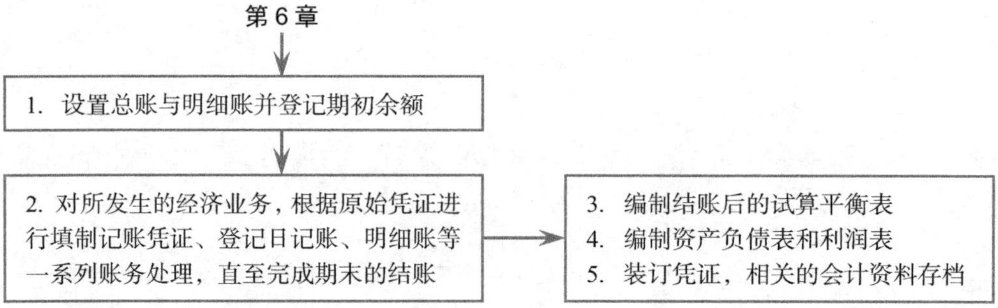

1．实训任务

根据给出的企业资料，分别采用科目汇总表账务处理程序和汇总记账凭证账务处理程序，对该企业 2015 年 12 月的经济业务进行账务处理。

（1）设置总账与明细账并登记期初余额。

（2）对所发生的经济业务，根据原始凭证进行填制记账凭证、登记日记账、明细账等一系列账务处理，直至完成期末的结账。

① 根据原始凭证编制通用记账凭证（可将教材中的“原始凭证”剪下，粘贴到相应的填制的记账凭证背面）。

② 根据记账凭证登记日记账和相关明细账。

③ 根据记账凭证分别编制科目汇总表和汇总记账凭证。

④ 根据科目汇总表和汇总记账凭证分别登记设置的总账。

⑤ 核对总账和日记账及总账和明细账。

⑥ 编制期末结账前的试算平衡表。

⑦ 期末转账和结账。

（3）编制结账后的试算平衡表。

（4）编制资产负债表和利润表。

（5）装订凭证，将相关的会计资料存档。

2．实训目的

通过综合实训，融会贯通单项实训中所学的各项会计操作技能，掌握企业会计科目汇总表账务处理程序和汇总记账凭证账务处理程序，并完成与之相关的全部会计操作任务。

3．知识准备

熟悉企业的概况，了解综合实训的模拟资料与操作内容及要求，明确科目汇总表账务处理程序和汇总记账凭证账务处理程序的要求和做法。

4．实训资料与动手操作

（1）华宇经贸有限责任公司（简称华宇公司）是生产数控车床的制造业企业，属一般纳税人。该企业设有一个基本生产车间和厂部管理部门。所得税税率为 25%，年终汇算清缴。存货发出采用先进先出法计算成本。每月投产的产品当月完工，月末没有在产品。

（2）该企业开户银行：工商银行江海分行，账号：1501028899560。

（3）该企业 2015 年 12 月 1 日总账及明细账余额表如表 6-1 和表 6-2 所示。

表 6-1 总账余额表示例

总账余额表

金额单位：元

账户名称	借方余额	账户名称	借方余额
库存现金	3 900	短期借款	100 000
银行存款	487 600	应付账款	65 100
其他货币资金	27 000	预收账款	7 100
应收账款	114 000	应交税费	6 900
预付账款	13 000	其他应付款	800
其他应收款	6 000	应付职工薪酬	3 300
原材料	80 000	实收资本	2 000 000
库存商品	187 800	资本公积	16 000
待摊费用	40 000	盈余公积	96 000
固定资产	1 500 000	本年利润	163 460
无形资产	440 000	利润分配	22 000
		坏账准备	18 240
		累计折旧	318 400
		累计摊销	82 000
合　计	2 899 300	合　计	2 899 300

表 6-2 明细账余额表示例

明细账余额表

金额单位：元

总账账户	明细账户	计量单位	数　量	单　价	余　额
应收账款	宏远公司				53 000
	旭日公司				61 000
其他应收款	张立清				6 000
原材料	钢材	吨	35.5	2 000	71 000
	线材	米	600	15	9 000
库存商品	数控车床	台	300	626	187 800
应付账款	鹏瑞公司				65 100
应交税费	应交所得税				6 900
利润分配	未分配利润				22 000

（4）华宇公司 2015 年 12 月发生经济业务的原始凭证如表 6-3 至表 6-53 所示。

① 12 月 1 日，提取现金备用（见表 6-3）。

表 6-3 现金支票存根

中国工商银行
现金支票存根 （内）
No.7288522
附加信息
出票日期 2015 年 12 月 1 日
收款人：华宇公司
金 额：¥12 000.00
用 途：备用
单位主管 会计 王玲

② 12 月 1 日，以现金预付办公室李丽差旅费（见表 6-4）。

表 6-4 借款单

借 款 单

2015 年 12 月 1 日

单位或部门	办公室		借款事由		差旅费
申请借款金额	人民币（大写）柒仟元整				7 000.00
批准金额	人民币（大写）柒仟元整		现金付讫		7 000.00
领导批示	徐诚	财务主管	李志诚	借款人	李丽

③ 12 月 2 日，生产车间领用材料（见表 6-5）。

表 6-5 领料单

领 料 单

领料部门：生产车间 2015 年 12 月 2 日

材料		计量单位	数量		单位成本	金额	过账
名称	规格		请领	实发			
钢材	3007	吨	15	15	2 000.00	30 000.00	
线材	J-1	米	210	210	15.00	3 150.00	
工作单号	244	用途	生产数控车床				
工作项目							

此联交会计

会计： 记账： 发料：魏晓颖 领料：李斌

④ 12 月 3 日，收回购货单位前欠货款（见表 6-6 和表 6-7）。

表 6-6　银行进账单

中国工商银行　进账单　（收账通知）3

2015年12月4日

汇款人	全　称	旭日公司	收款人	全　称	华宇经贸有限责任公司
	账　号	20544667321		账　号	1501028899560
	开户银行	工商银行江宁分行		开户银行	工商银行江海分行
	汇出行名称	工商银行江宁分行		汇入行名称	工商银行江海分行
金额	人民币（大写）	肆万元整		亿千百十万千百十元角分	¥4000000
票据种类	转账支票	票据张数	1	备　注	
票据号码	1	4539276614		中国工商银行 江海分行 转账 收讫	
	2				
	3				
汇出行签章：					
复核：	记账：			收款人开户银行签章	

此联是收款人开户银行交给收款人的收账通知

表 6-7　收款收据

北疆市统一收款收据（三联单）内财统字（06）

第三联：记账联　　2015 年 12 月 4 日　　No. 3967865

交款单位或交款人	旭日公司	收款方式	转账支票
事　由：收回欠款			备注：支票号 4539276614
收款金额：人民币（大写）：肆万元整			¥40 000.00
说　　明：此收据不得作行政事业性收费收据使用		现金收讫	

收款单位（盖章）：　　收款人（签章）：余淼

⑤ 12 月 4 日，以现金方式购入办公用品交付使用（见表 6-8）。

表 6-8　购物发票

北疆市商品销售统一发票

购货单位：华宇经贸有限责任公司　　2015 年 12 月 4 日　　No. 065479

货号	品名及规格	计量单位	数量	零售价	金额（百十万千百十元角分）	备注
	台式计算器	台	4	220.00	88000	
	复印纸	包	20	18.00	36000	
	现金付讫					
合　计					¥124000	
合计金额（大写）：壹仟贰佰肆拾元零角零分						

第二联：发票联

收款：王利　　开票：焦宁　　销售单位：（盖章）

⑥ 12 月 4 日，采购材料，验收入库（见表 6-9、表 6-10 和表 6-11）。

表 6-9　转账支票存根

中国工商银行

转账支票存根　（内）

No. 547782907

附加信息

出票日期 2015 年 12 月 4 日

收款人：	鹏瑞商贸有限公司
金　额：	¥161 460.00
用　途：	购料

单位主管　　会计　王玲

表 6-10　增值税专用发票

北疆市增值税专用发票

国家税务总局监制

抵扣联　　　　开票日期 2015 年 12 月 4 日

购货单位	名　　称：华宇经贸有限责任公司 纳税人识别号：370602165010208 地址、电话：北疆市江海路46816750 开户行及账号：工商银行江海分行1501028899560	密码区	6+ -<2>6> 927+296+/ 加密版本：01 446<600375<35><4/ 37009931410 2-2 <2051+24+2618<7　0445 /3-15>>09/5/-1>>>+2

货物或应税劳务名称	规格型号	单位	数量	单价	金额	税率	税额
钢材	3007	吨	60	2 300.00	138 000.00	17%	23 460.00
合　计					¥138 000.00		¥23 460.00

价税合计（大写）:壹拾陆万壹仟肆佰陆拾元整　　（小写）：¥161 460.00

销货单位	名称：鹏瑞商贸有限公司 纳税人识别号：370613265531672 地址、电话：兴洛市顺城大街28号46830665 开户行及账号：建设银行兴洛支行80326434523	备注	鹏瑞商贸有限公司 增值税发票专用章

收款人：李梅　　复核：刘晓华　　开票人：程志　　销货单位：（章）

第一联：抵扣联．购货方扣税凭证

表 6-11　增值税专用发票

北疆市增值税专用发票

国家税务总局监制

发 票 联　　　　开票日期 2015 年 12 月 4 日

购货单位	名　　称：华宇经贸有限责任公司 纳税人识别号：370602165010208 地址、电话：北疆市江海路46816750 开户行及账号：工商银行江海分行1501028899560				密码区	6+ -<2>6> 927+296+/ 加密版本：01 446<600375<35><4/ 37009931410 2-2 <2051+24+2618<7　0445 /3-15>>09/5/-1>>>+2		
货物或应税劳务名称	规格型号	单位	数量	单价	金额	税率	税额	
钢材	3007	吨	60	2 300.00	138 000.00	17%	23 460.00	
合　计					￥138 000.00		￥23 460.00	
价税合计（大写）：壹拾陆万壹仟肆佰陆拾元整				（小写）：￥161 460.00				
销货单位	名称：鹏瑞商贸有限公司 纳税人识别号：370613265531672 地址、电话：兴洛市顺城大街28号46830665 开户行及账号：建设银行兴洛支行80326434523				备注			

第二联：发票联．购货方记账凭证

鹏瑞商贸有限公司 增值税发票专用章

收款人：李梅　　复核：刘晓华　　开票人：程志　　销货单位：（章）

表 6-12　入库单

材料验收入库单

供应单位：鹏瑞商贸有限公司　　2015 年 12 月 4 日　入库批次：　　入库单编号：1

材料类别	材料名称	规格	计量单位	数量	实收数量	单价	金额 十	万	千	百	十	元	角	分
	钢材	3007	吨	60	60	2 300.00	1	3	8	0	0	0	0	0
检验结果：合格				运杂费										
检验员签章：严关瑞														
				合计			1	3	8	0	0	0	0	0
备注														

第三联：交会计

仓库主管：向林是　　材料会计：　　收料员：魏晓颖　　经办人：林红

⑦ 12 月 6 日，张立清报销差旅费（见表 6-13 和表 6-14）。

表 6-13 差旅费报销单

差旅费报销单

部门：财务科　　　填报日期 2015 年 12 月 6 日

姓名			张立清			出差事由		洽谈业务			出差自 2015 年 11 月 12 日 至 2015 年 11 月 23 日				共 12 天
起讫时间及地点						车船票		夜间乘车补助费			出差乘补费			住宿费	备注
月	日	起	月	日	讫	类别	金额	时间	标准	金额	日数	标准	金额	金额	预借6000元，核销3900元，退回2100元。
11	12	北疆	11	13	北京	车	170.00								
11	13	北京	11	22	北京						12	80.00	960.00	2 600.00	
11	22	北京	11	23	北疆	车	170.00								
小					计		340.00				12	80.00	960.00	2 600.00	
总计金额（大写）：					叁仟玖佰零元零角零分						（小写）：￥3900.00				

主管：李志诚　　部门：余淼　　审核：　　填报人：张立清　　附原始单据 6 张

表 6-14 收款收据

收款收据（三联单）

第三联：记账联　　　2015 年 12 月 6 日　　　No.

交款单位或交款人	张立清	备注：预借差旅费 6 000 元，核销 3 900 元。
事　由：报销差旅费交还余额		
收款金额：人民币（大写）：陆仟元整		￥6 000.00
说　　明：此收据不得作对外收据使用，仅供企业内部使用。		

财务印章（盖章）：　　　收款人（签章）：余淼

⑧ 12 月 7 日，生产车间领用材料（见表 6-15）。

表 6-15 领料单

领　料　单

领料部门：生产车间　　　2015 年 12 月 7 日

材料		计量单位	数量		单位成本	金额	过账
名称	规格		请领	实发			
钢材	3007	吨	20.50	20.50	2 000.00	41 000.00	
工作单号	246	用途	生产数控车床				
工作项目							

此联交会计

会计：　　记账：　　发料：魏晓颖　　领料：李斌

⑨ 12 月 9 日，销售商品（见表 6-16 和表 6-17）。

表 6-16　托收凭证回单

托收凭证（受理回单）

委托日期2015年12月9日

业务类型		委托收款（□邮划、□电划）			托收承付（□邮划、□电划）		
付款人	全称	旭日公司		收款人	全称	华宇经贸有限责任公司	
	账号	60845654392			账号	1501028899560	
	地址	北疆　市	开户行　工行		地址	北疆　县	开户行　工行
金额	人民币（大写）	壹拾玖万陆仟伍佰陆拾元整				亿 千 百 十 万 千 百 十 元 角 分	¥ 1 9 6 5 6 0 0 0
款项内容	货　款	托收凭据名称	托收承付凭证（电划）		附寄单证张数	5	
商品发运情况	已发		合同名称号码		销字2015587462		
备注：			银行受理日期：2015年12月9日				
复核：凌晨启　　记账：			收款人开户银行签章				

此联作收款人与开户银行给收款人的受理回单

中国工商银行 江海分行 业务专用章

表 6-17　增值税专用发票

北疆市增值税专用发票

全国统一发票监制章 国家税务总局监制

记账联

开票日期 2015 年 12 月 9 日

购货单位	名　　称：旭日公司 纳税人识别号：460602376508102 地址、电话：北疆市民建路11号4698835 开户行及账号：工商银行江宁分行60845654392			密码区	6+ -<2>6> 927+296+/　加密版本：05 474<600375<35> <1/　37009931410 2-3 <2051+24+2618<3　04324 /3-15>>09/5/-1>>> +2		
货物或应税劳务名称	规格型号	单位	数量	单价	金额	税率	税额
数控车床	563-2	台	120	1 400.00	168 000.00	17%	28 560.00
合　计					¥168 000.00		¥28 560.00
价税合计（大写）：壹拾玖万陆仟伍佰陆拾元整				（小写）：¥196 560.00			
销货单位	名称：华宇经贸有限责任公司 纳税人识别号：370602165010208 地址、电话：北疆市江海路28号46816750 开户行及账号：工商银行北疆市江海分行1501028899560			备注			

收款人：王玲　　复核：刘建宇　　开票人：刘丽　　销货单位：（章）

第三联：记账联．销货方记账凭证

华宇经贸有限责任公司 增值税发票专用章

📖 **知识与技能拓展：** 表 6-10、表 6-11、表 6-17 格式的增值税发票，称为电子增值税发票。符合一定要求并经税务机关批准的增值税纳税人，可从税务机关获取税控发票开票软件并购置电子增值税发票专用打印设备（税控开票服务器），然后，再通过网络与税务机关的电子发票系统实现对接。增值税纳税人还需事先从税务机关购买空白增值税发票。增值税纳税人因销售开出发票时，税控发票开票软件会自动链接到税务机关税控主机，税务机关税控主机会对纳税人开出的发票自动形成存底（相当于手工填写发票的存根联），以用于日后的核对备查，销售方增值税纳税人则必须使用增值税发票专用打印设备，在空白增值税发票上打印出商品交易金额等信息，一式三联，并加盖印章，如表 6-10、表 6-11、表 6-17 格式的增值税发票所示。

⑩ 12 月 10 日，销售商品（见表 6-18 和表 6-19）。

表 6-18　增值税专用发票

北疆市增值税专用发票

国家税务总局监制

记账联　　　　开票日期 2015 年 12 月 10 日

购货单位	名　　称：宏远公司 纳税人识别号：460604176504957 地址、电话：北疆市三马路31号5648835 开户行及账号：工商银行北疆市分行65779057862	密码区	6+ -<2>6> 927+296+/　加密版本：05 474<600375<35> <1/　37009931410 2-3 <2051+24+2618<3　04324 /3-15>>09/5/-1>>> +2	第三联：记账联．销货方记账凭证

货物或应税劳务名称	规格型号	单位	数量	单价	金额	税率	税额
数控车床	563-2	台	140	1 400.00	182 000.00	17%	30 940.00
合　计					￥182 000.00		￥30 940.00
价税合计（大写）:贰拾壹万贰仟玖佰肆拾元整				（小写）:￥212 940.00			

销货单位	名称：华宇经贸有限责任公司 纳税人识别号：370602165010208 地址、电话：北疆市江海路28号46816750 开户行及账号：工商银行北疆市江海分行1501028899560	备注	

收款人：王玲　　复核：刘建宇　　开票人：刘丽　　销货单位：（章）

华宇经贸有限责任公司 增值税发票专用章

表 6-19　银行进账单

中国工商银行　进账单　（收账通知）3

2015年12月10日

汇款人	全　　称	宏远公司	收款人	全　　称	华宇经贸有限责任公司
	账　　号	65779057862		账　　号	1501028899560
	开户银行	工商银行北疆市分行		开户银行	工商银行江海分行
	汇出行名称	工商银行北疆市分行		汇入行名称	工商银行江海分行

金额	人民币（大写）	亿	千	百	十	万	千	百	十	元	角	分
	贰拾壹万贰仟玖佰肆拾元整			¥	2	1	2	9	4	0	0	0

票据种类	转账支票	票据张数	1	备　注
票据号码	1	5284683102		中国工商银行 江海分行 转账 收讫
	2			
	3			
汇出行签章：				
复核：　　记账：				收款人开户银行签章

此联是收款人开户银行交给收款人的收账通知

⑪ 12 月 12 日，支付广告费（见表 6-20 和表 6-21）。

表 6-20　支票存根

转账支票存根

中国工商银行

转账支票存根　（内）

No. 547782908

附加信息

出票日期 2015 年 12 月 12 日

收款人：	东宇公司
金　额：	¥12 000.00
用　途：	广告制作费

单位主管　　会计　王玲

表 6-21　发票

北疆市广告业专用发票

北疆市普通发票监制章　北疆市税务局监制

客户名称：华宇经贸有限责任公司　2015 年 12 月 12 日

项　目	单　位	数　量	单　价	金　额	备　注
广告制作				12 000.00	
计				¥:12 000.00	
:					

报销凭证

单位（盖章）：东宇广告有限公司 财务专用章　开票人：冯亮

⑫ 12 月 13 日，支付电话费（见表 6-22 和表 6-23）。

表 6-22　支票存根

转账支票存根

中国工商银行

转账支票存根　（内）

No. 547782909

附加信息

出票日期 2015 年 12 月 13 日

收款人：	北疆市电信局
金　额：	¥2 300.00
用　途：	电话费

单位主管　会计　王玲

表 6-23　收据

北疆市电信局专用收据

北疆市普通发票监制章　北疆市税务局监制

付款单位：华宇经贸有限责任公司　2015 年 12 月 13 日　第037535号

项目	计量单位	数量	单价	金额
市话费				300.00
长途话费				1 400.00
网络费				600.00
合		计		¥:2 300.00
金额（人民币）大写：贰仟叁佰元整				

报销凭证

北疆市电信局 财务专用章

单位（盖章）：　开票人：尤林峰

⑬ 12 月 14 日，支付前欠购货款（见表 6-24）。

表 6-24　信汇凭证回单

中国工商银行　信汇凭证　（回单）

委托日期2015年12月14日

汇款人	全　称	华宇经贸有限责任公司	收款人	全　称	鹏瑞商贸有限公司
	账　号	1501028899560		账　号	80326434523
	汇出地点	北疆　市/县		汇入地点	兴洛　市/县
	汇出行名称	工商银行江海分行		汇入行名称	建设银行兴洛支行
金额	人民币（大写）	叁万元整		亿千百十万千百十元角分	¥3000000
汇出行签章：（中国工商银行 江海分行 转账 付讫）			支付密码		
			附加信息及用途：还欠款		
复核：赵洛强		记账：			

此联是给付款人的回单

⑭ 12 月 15 日，购入材料，验收入库（见表 6-25 至表 6-27）。

表 6-25　转账支票存根

中国工商银行
转账支票存根　（内）
No. 547782911
附加信息

出票日期 2015 年 12 月 15 日

收款人：	华龙科技有限公司
金　额：	¥21 060.00
用　途：	购料

单位主管　　会计　王玲

表 6-26　增值税专用发票

北疆市增值税专用发票

国家税务总局监制

发票联　　　　开票日期 2015 年 12 月15 日

购货单位	名　　称：华宇公司 纳税人识别号：370602165010208 地址、电话：北疆市江海路46816750 开户行及账号：工商银行江海分行1501028899560			密码区	9+ -<5>7> 672+596+/　加密版本：04 248<370673<53><2/　37009931410 2-2 <2051+24+2618<9　0638 /3-16>>09/5/-1>>>+2		
货物或应税劳务名称	规格型号	单位	数量	单价	金额	税率	税额
线材	j-1	米	1000	18.00	18 000.00	17%	3 060.00
合　计					￥18 000.00		￥3 060.00
价税合计（大写）:贰万壹仟零陆拾元整				（小写）:￥21 060.00			
销货单位	名称：华龙科技有限公司 纳税人识别号：370613267832467 地址、电话：北疆市米市大街56号46890765 开户行及账号：建设银行北疆市米市支行803257193			备注			

第二联：发票联．购货方记账凭证

收款人：纪惠　　复核：李晓华　　开票人：刘树成　　销货单位：（章）华龙科技有限公司 增值税发票专用章

（“第一联：抵扣联”略）

表 6-27　入库单

材料验收入库单

供应单位：华龙科技有限公司　　2015 年 12 月 15 日　入库批次：　　入库单编号：2

材料类别	材料名称	规格	计量单位	数量	实收数量	单价	金额（十万千百十元角分）
	线材	j-1	米	1 000	1 000	18.00	1 8 0 0 0 0 0
检验结果 ：合格				运杂费			
检验员签章：严关瑞							
				合计			￥1 8 0 0 0 0 0
备注							

第三联：交会计

仓库主管:向林是　　材料会计:　　收料员：魏晓颖　　经办人：林红

⑮ 12 月 18 日，以现金报销医药费（见表 6-28 和表 6-29）。

表 6-28　收据

医院门诊收费收据

全国普通发票监制 北疆市税务局监制

2015 年 12 月 8 日　　编号:5981046

姓名	霍利民						
中药		按摩		化验	40.00	人流	
西药	2 000.00	理疗		透照	320.00	B超	
针灸		心电		处置			
合计（大写）：×万贰仟参佰陆拾元零角零分				(小写)：¥2 360.00元			

第二联：报销凭证

单位（盖章）：　　开票人：曲艺新

收款专用章

表 6-29　报销单

医药费报销单

2015 年 12 月 10 日

开支内容	实报项目与金额		结算方式
职工医药费	西药费（70%）	1 400.00	①借款____元　②转账____元
	化验	40.00	③汇款____元　④现金付 1 760.00 元
	透照	320.00	
合　计		¥1 760.00	大写金额：壹仟柒佰陆拾元零角零分

现金付讫

单位负责人：余诚　　会计主管：李志诚　　经手人：霍利民　　出纳：赵晓燕

⑯ 12 月 18 日，生产车间领用材料（见表 6-30）。

表 6-30　领料单

领　料　单

领料部门：生产车间　　2015 年 12 月 18 日

材料		计量单位	数量		单位成本	金额	过账
名称	规格		请领	实发			
线材		米	30.00	30.00	15.00	450.00	
工作单号	255	用途	车间一般消耗				
工作项目							

此联交会计

会计：　　记账：　　发料：魏晓颖　　领料：李斌

⑰ 12 月 20 日，支付水电费（见表 6-31 至表 6-35）。

表 6-31 转账支票存根

中国工商银行
转账支票存根 （内）
No. 547782913
附加信息

出票日期 2015 年 12 月 20 日

收款人：	北疆市电业局
金 额：	¥13 384.80
用 途：	付电费

单位主管 会计 王玲

表 6-32 转账支票存根

中国工商银行
转账支票存根 （内）
No. 547782914
附加信息

出票日期 2015 年 12 月 20 日

收款人：	北疆市自来水公司
金 额：	¥6 511.05
用 途：	付水费

单位主管 会计 王玲

表 6-33 增值税专用发票

北疆市增值税专用发票

（全国统一发票监制章 国家税务总局监制）

发 票 联 开票日期 2015 年 12 月20 日

购货单位	名 称：华宇经贸有限责任公司 纳税人识别号：370602165010208 地址、电话：北疆市江海路46816750 开户行及账号：工商银行江海分行1501028899560			密码区	9+ -<5>7> 672+596+/ 加密版本：04 248<370673<53><2/ 37009329314 2-2 <2051+24+2618<9 0638 /3-16>>09/5/-1>>> +2		
货物或应税劳务名称	规格型号	单位	数量	单价	金额	税率	税额
电费	企业用电	度	8800	13.00	11 440.00	17%	1 944.80
合 计					¥11 440.00		¥1 944.80
价税合计（大写）：壹万叁仟叁佰捌拾肆元捌角整					（小写）：¥13 384.80		
销货单位	名称：北疆市电业局 纳税人识别号：650645123265567 地址、电话：北疆市兴安路69号67543857 开户行及账号：建设银行北疆市分行698706583			备注	（北疆市电业局 增值税发票专用章）		

第二联：发票联 购货方记账凭证

收款人：张鑫 复核：刘梦梦 开票人：陈明奎 销货单位：（章）

（“第一联：抵扣联”略）

表 6-34　增值税专用发票

北疆市增值税专用发票

国家税务总局监制

发　票　联　　　　开票日期 2015 年 12 月20 日

购货单位		密码区	
购货单位	名　　　称：华宇经贸有限责任公司	密码区	9+ -<5>7> 672+596+/　加密版本：04
	纳税人识别号：370602165010208		248<370673<53><2/　37008736415
	地址、电话：北疆市江海路46816750		2-2 <2051+24+2618<9　0638
	开户行及账号：工商银行江海分行1501028899560		/3-16>>09/5/-1>>> +2

货物或应税劳务名称	规格型号	单位	数量	单价	金额	税率	税额
水费	企业用水	吨	2650	2.10	5 565.00	17%	946.05
合　计					￥5 565.00		￥946.05

价税合计（大写）:陆仟伍佰壹拾壹元零角伍分　　　（小写）:￥6 511.05

销货单位		备注	
销货单位	名称：北疆市自来水公司	备注	
	纳税人识别号：680612433256678		
	地址、电话：北疆市解放路9号8944576		
	开户行及账号：建设银行北疆市支行9800700438		

北疆市自来水公司 增值税发票专用章

收款人：张晓琴　　复核：宋宝安　　开票人：李太清　　销货单位：（章）

第二联：发票联：购货方记账凭证

（"第一联：抵扣联"略）

表 6-35　水电费分配表

水电费分配表

2015 年 12 月 21 日

使用部门	水费（元）	电费（元）	合计（元）
车　间	4 322.00	8 346.00	12 668.00
厂　部	1 243.00	3 094.00	4 337.00
合　计	5 565.00	11 440.00	17 005.00

会计主管：李志诚　　　制单：霍利民　　　复核：赵晓燕

⑱ 12 月 21 日，收回购货单位前欠货款（见表 6-36）。

表 6-36　银行进账单

中国工商银行　进账单　（收账通知）3

2015年12月21日

汇款人	全　　称	旭日公司	收款人	全　　称	华宇经贸有限责任公司
	账　　号	20544667321		账　　号	1501028899560
	开户银行	工商银行江宁分行		开户银行	工商银行江海分行
	汇出行名称	工商银行江宁分行		汇入行名称	工商银行江海分行
金额	人民币（大写）	壹拾伍万元整		亿千百十万千百十元角分	¥15000000
票据种类	转账支票	票据张数	1	备　注	
票据号码	1	4539276691		中国工商银行 江海分行 转账 收讫	
	2				
	3				
汇出行签章：					
复核：	记账：			收款人开户银行签章	

此联是收款人开户银行交给收款人的收账通知

⑲ 12 月 22 日，支付短期借款利息（见表 6-37）。

表 6-37　银行支款通知

中国工商银行计收利息清单（支款通知）

2015年12月22日

贷款人户名		华宇经贸有限责任公司		贷款人账号	1501028899560
计息起止时间		2010年11月23日至2010年12月22日			备　注
贷款种类	贷款账号	计息日贷款余额	计息积数	利率	计收利息金额
	368978867	100 000.00	3 000 000.00	0.041%	1 230.00
利息金额人民币（大写）	壹仟贰佰叁拾元整			万千百十万千百十元角分	¥123000

备注：左列贷款利息业已从你单位账户扣付。

中国工商银行 江海分行 转账 付讫

贷款银行章

2015年12月22日

⑳ 12 月 23 日，管理部门领用材料（见表 6-38）。

表 6-38　领料单

领　料　单

领料部门：管理部门　　　　2015 年 12 月 23 日

材料		计量单位	数量		单位成本	金额	过账
名称	规格		请领	实发			
线材		米	40.00	40.00	15.00	600.00	
工作单号		用途	维修消耗				
工作项目							

此联交会计

会计：　　记账：　　发料：魏晓颖　　领料：林晓

㉑ 12 月 25 日，提取现金，备发工资（见表 6-39）。

表 6-39　支票存根

现金支票存根

中国工商银行

现金支票存根　（内）

No.7288524

附加信息

出票日期 2015 年 12 月 25 日

收款人：	华宇经贸有限责任公司
金　额：	￥96 193.00
用　途：	发工资

单位主管　　会计　王玲

㉒ 12 月 25 日，发放工资（见表 6-40）。

表 6-40 工资结算汇总表

工资结算汇总表

2015 年 12 月 25 日

部门	人数	月基本工资	经常性奖金	津贴和补贴：物价补贴	津贴和补贴：夜班津贴	加班工资	应扣工资：病假	应扣工资：事假	应付工资	代扣款项：电费	代扣款项：水费	代扣款项：入托费	代扣款项：小计	实发金额
厂部管理部门	22	24 760	1 680	770		810			28 020					28 020
车间 生产工人	72	45 790	4 500		2 160	7 575			60 025					60 025
车间 管理人员	3	4 098	1 800		1 510	740			8 148					8 148
合计	97	74 648	7 980	770	3 670	9 125			96 193					96 193

会计主管：李志诚　　制单：霍利民　　复核：赵晓燕

㉓ 12 月 31 日，缴纳增值税款（见表 6-41）。

表 6-41 税收完税凭证

中华人民共和国税收通用完税凭证

注册类型：国有经济　　填发日期：2015年12月31日　　征收机关：北疆市国税局

纳税人代码	370602165010208		地址	北疆市江海路		
纳税人全称	华宇经贸有限责任公司		税款所属时期	2015年12月1日—2015年12月31日		
税种	品目名称	课税数量	计税金额	税率或单位税额	已缴或扣除额	实缴金额
	增值税		350 000.00	17%	26 520.00	32 980.00
合计金额（大写）	叁万贰仟玖佰捌拾零元零角零分			¥:32 980.00		
税务机关（盖章）	委托代征单位（盖章）		转账银行（签章）	备注		

此联无银行转账章无效，为纳税人完税记账凭证

国家税务局北疆市分局 征税专用章

中国工商银行 江海分行 转讫 付讫

主管会计：李志诚　　制单人：王玲　　出纳：　　复核：滕小明

㉔ 12 月 31 日，计提本月固定资产折旧（见表 6-42）。

表 6-42　折旧额计算表

折旧额计算表

2015 年 12 月 31 日　　　　金额单位：元

使用单位和固定资产类别		原值	月折旧率（%）	折旧额
车间	厂　房	700 000	0.6	4 200
	设　备	420 000	0.8	3 360
	小　计	1 120 000		7 560
厂部	房　屋	300 000	0.4	1 200
	运输设备	80 000	1	800
	小　计	380 200		2 000
合　计		1 500 000		9 560

会计主管：李志诚　　　　制单：霍利民　　　　复核：赵晓燕

㉕ 12 月 31 日，摊销财产保险费（见表 6-43）。

表 6-43　待摊费用摊销额计算表

待摊费用摊销额计算表

2015 年 12 月 31 日　　　　金额单位：元

项　目	待摊费用	摊余价值	本月摊销		部　门	
			比　例	金　额	车　间	厂　部
财产保险费	40 000		1/8	5 000	3 250	1 750
合　计	40 000			5 000	3 250	1 750

会计主管：　　　　制单：　　　　复核：

㉖ 12 月 31 日，分配工资，计提福利费（见表 6-44）。

表 6-44　工资费用及福利费分配表

工资费用及福利费分配表

2015 年 12 月 31 日　　　　金额单位：元

部门及各类人员		工资额	计提福利费	合　计
车间	生产工人	60 025		
	车间管理人员	8 148		
厂部	管理人员	28 020		
合　计		96 193		

会计主管：　　　　制单：　　　　复核：

㉗ 12 月 31 日，摊销无形资产价值（见表 6-45）。

表 6-45　无形资产摊销额计算表

无形资产摊销额计算表

2015 年 12 月 31 日　　金额单位：元

项　　目	原　　值	摊余价值	本月摊销		部　　门	
			比　　例	金　　额	车　　间	厂　　部
无形资产	440 000	358 000	1/80	4 475		4 475
合　　计	440 000			4 475		4 475

会计主管：李志诚　　制单：霍利民　　复核：赵晓燕

㉘ 12 月 31 日，计提坏账准备（见表 6-46）。

表 6-46 坏账准备计算表

坏账准备计算表

2015 年 12 月 31 日　　金额单位：元

项　　目	期末余额	本期计提		坏账准备余额	实际计提金额
		比例	金额		
应收账款		10%			
合　　计					

会计主管：　　制单：　　复核：

㉙ 12 月 31 日，分配制造费用（见表 6-47）。

表 6-47　制造费用分配表

制造费用分配表

2015 年 12 月 31 日　　金额单位：元

分配对象	制造费用金额	分配金额
数控车床		
合　　计		

会计主管：　　制单：　　复核：

㉚ 12 月 31 日，结转入库完工产品 280 台的成本（见表 6-48 和表 6-49）。

表 6-48 产品成本计算单

产品成本计算单

2015 年 12 月 31 日　　金额单位：元

项　目	直接材料	直接人工	制造费用	合　计
本月发生生产费用				
生产费用合计				
完工产品成本				
完工产品单位成本				

会计主管：　　制单：　　复核：

表 6-49 产成品入库单

产成品入库单

2015 年 12 月 31 日　　金额单位：元

产品名称	计量单位	数量	单位成本	总成本
数控车床	台	280		

会计主管：　　制单：　　复核：

㉛ 12 月 31 日，结转本月销货成本（见表 6-50）。

表 6-50 销售成本计算单

销售成本计算单

2015 年 12 月 31 日　　金额单位：元

产品名称	计量单位	销售数量	单位生产成本	销售成本总额
数控车床	台			
合　计				

会计主管：　　制单：　　复核：

㉜ 12 月 31 日，计提应交城建税和教育费附加（见表 6-51）。

表 6-51 城建税、教育费附加计算单

城建税、教育费附加计算单

2015 年 12 月 31 日　　金额单位：元

项目	计提基础	计提比例	计提金额
城市维护建设税		7%	
教育费附加		3%	
合计			

会计主管：　　制单：　　复核：

㉝ 12 月 31 日，结转损益类账户。

㉞ 12 月 31 日，计算结转应交所得税。

㉟ 12 月 31 日，结转净利润。

㊱ 12 月 31 日，按本年净利润 10%提取盈余公积（见表 6-52）。

表 6-52 法定盈余公积金计算表

法定盈余公积金计算表

2015 年度　　金额单位：元

计提基数	法定盈余公积	
	计提比例	金额
1	2	3

会计主管：　　制单：　　复核：

㊲ 12 月 31 日，按可供分配利润的 65%分配现金股利（见表 6-53）。

表 6-53 应付股利计算表

应付股利计算表

2015 年度　　金额单位：元

可供投资者分配利润	分配比例	应付股利总额

会计主管：　　制单：　　复核：

㊳ 12 月 31 日，将利润分配其他明细账户结转未分配利润。

（5）试算平衡表（见表6-54和表6-55）。

表6-54 试算平衡表

试 算 平 衡 表（结账前）

2015年12月31日　　　　　　　　金额单位：元

账户名称	期初余额		本期发生额		期末余额	
	借　方	贷　方	借　方	贷　方	借　方	贷　方

会计主管：　　　　　　制单：　　　　　　复核：

表6-55 试算平衡表

试 算 平 衡 表（结账后）

2015年12月31日　　　　　　　　金额单位：元

账户名称	借方余额	账户名称	贷方余额

会计主管：　　　　　　制单：　　　　　　复核：

（6）会计报表（见表 6-56 和表 6-57）。

表 6-56　资产负债表

资产负债表（简表）

会企 01 表

编制单位：　　2015 年 12 月 31 日　　单位：元

资　　产	期末数	年初数（略）	负债及所有者权益	期末数	年初数（略）
流动资产：			流动负债：		
货币资金			短期借款		
交易性金融资产			应付票据		
应收票据			应付账款		
应收账款			预收账款		
预付账款			应付职工薪酬		
应收利息			应交税费		
应收股利			应付股利		
其他应收款			其他应付款		
存货			流动负债合计		
其他流动资产			非流动负债：		
流动资产合计			长期借款		
非流动资产：			应付债券		
长期股权投资			非流动负债合计		
投资性房地产			负债合计		
固定资产			所有者权益：		
在建工程			实收资本		
无形资产			资本公积		
长期待摊费用			盈余公积		
其他非流动资产			未分配利润		
非流动资产合计			所有者权益合计		
资产总计			负债及所有者权益总计		

表 6-57　利润表

利润表（简表）

会企 02 表

编制单位：　　2015 年 12 月　　单位：元

项　　目	本期金额	上期金额（略）
一、营业收入		
减：营业成本		

续表

项　　目	本期金额	上期金额（略）
营业税金及附加		
销售费用		
管理费用		
财务费用		
资产减值损失		
加：公允价值变动收益		
投资收益		
二、营业利润		
加：营业外收入		
减：营业外支出		
三、利润总额		
减：所得税费用		
四、净利润		

5．操作结果展示或说明（见表 6-58 至表 6-61）

表 6-58　试算平衡表示例

试　算　平　衡　表（结转前）

2015 年 12 月 31 日

账户名称	期初余额		本期发生额		期末余额	
	借　方	贷　方	借　方	贷　方	借　方	贷　方
库存现金	3 900		110 293	106 193	8 000	
银行存款	487 600		402 940	389 118.85	501 421.15	
其他货币资金	27 000				27 000	
应收账款	114 000		196 560	190 000	120 560	
预付账款	13 000				13 000	
其他应收款	6 000		7 000	6 000	7 000	
原材料	80 000		156 000	75 200	160 800	
库存商品	187 800		175 795.22	156 500	207 095.22	
待摊费用	40 000			5 000	35 000	
固定资产	1 500 000				1 500 000	
无形资产	440 000				440 000	
坏账准备		18 240	6 184			12 056

续表

账户名称	期初余额		本期发生额		期末余额	
	借　方	贷　方	借　方	贷　方	借　方	贷　方
累计折旧		318 400		9 560		327 960
累计摊销		82 000		4 475		86 475
短期借款		100 000				100 000
应付账款		65 100	30 000			35 100
预收账款		7 100				7 100
其他应付款		800				800
应付职工薪酬		3 300	97 953	109 660.02		15 007.02
应交税费		6 900	62 390.85	62 798		7 307.15
实收资本		2 000 000				2 000 000
资本公积		16 000				16 000
盈余公积		96 000				96 000
本年利润		163 460				163 460
利润分配		22 000				22 000
生产成本			175 795.22	175 795.22		
制造费用			33 216.72	33 216.72		
主营业务收入				350 000		350 000
主营业务成本			156 500		156 500	
主营业务税金及附加			3 298		3 298	
销售费用			12 000		12 000	
管理费用			52 544.8		52 544.8	
财务费用			1 230		1 230	
资产减值损失				6 184		6 184
合　计	2 899 300	2 899 300	1 679 700.81	1 679 700.81	3 245 449.17	3 245 449.17

表 6-59　试算平衡表示例

试　算　平　衡　表（结账后）

2015 年 12 月 31 日

账户名称	借方余额	账户名称	贷方余额
库存现金	8 000.00	坏账准备	12 056.00
银行存款	501 421.15	累计折旧	327 960.00

续表

账户名称	借方余额	账户名称	贷方余额
其他货币资金	27 000.00	累计摊销	86 475.00
应收账款	120 560.00	短期借款	100 000.00
预付账款	13 000.00	应付账款	35 100.00
其他应收款	7 000.00	预收账款	7 100.00
原材料	160 800.00	其他应付款	800.00
库存商品	207 095.22	应付股利	143 323.74
待摊费用	35 000.00	应付职工薪酬	15 007.02
固定资产	1 500 000.00	应交税费	80 824.95
无形资产	440 000.00	实收资本	2 000 000.00
		资本公积	16 000.00
		盈余公积	118 055.34
		利润分配	77 174.32
合　计	3 019 876.37	合　计	3 019 876.37

表 6-60　资产负债表示例

资产负债表（简表）

会企 01 表

编制单位：　　2015 年 12 月 31 日　　单位：元

资　产	期 末 数	年初（略）	负债及所有者权益	期 末 数	年初（略）
流动资产：			流动负债：		
货币资金	536 421.15		短期借款	100 000	
交易性金融资产			应付票据		
应收票据			应付账款	35 100	
应收账款	108 504.00		预收账款	7 100	
预付账款	13 000.00		应付职工薪酬	15 007.02	
应收利息			应交税费	80 824.95	
应收股利			应付股利	143 323.74	
其他应收款	7 000.00		其他应付款	800	
存货	367 895.22		流动负债合计	382 155.71	
其他流动资产	35 000.00		非流动负债：		
流动资产合计	1 067 820.37		长期借款		
非流动资产：			应付债券		
长期股权投资			非流动负债合计		

续表

资　产	期末数	年初（略）	负债及所有者权益	期末数	年初（略）
投资性房地产			负债合计	382 155.71	
固定资产	1 172 040.00		所有者权益：		
在建工程			实收资本	2 000 000	
无形资产	353 525.00		资本公积	16 000	
长期待摊费用			盈余公积	118 055.34	
其他非流动资产			未分配利润	77 174.32	
非流动资产合计	1 525 565.00		所有者权益合计	2 211 229.66	
资产总计	2 593 385.37		负债及所有者权益总计	2 593 385.37	

表 6-61　利润表示例

利润表（简表）

会企 02 表

编制单位：　　　　2015 年 12 月　　　　单位：元

项　目	本期金额	上期金额（略）
一、营业收入	350 000.00	
减：营业成本	156 500.00	
营业税金及附加	3 298.00	
销售费用	12 000.00	
管理费用	52 544.80	
财务费用	1 230.00	
资产减值损失	–6 184.00	
加：公允价值变动收益		
投资收益		
二、营业利润	130 611.20	
加：营业外收入		
减：营业外支出		
三、利润总额	130 611.20	
减：所得税费用		
四、净利润	130 611.20	

6. 课堂讨论与课后作业题

（1）比较科目汇总表处理程序和汇总记账凭证处理程序的异同。

（2）通过实训，总结企业会计核算的技术方法是如何衔接并共同组成会计核算体系的。

（3）通过实训，你有什么收获？需要吸取的经验和教训有哪些？

附录 A　各章课堂讨论与课后作业题参考答案

第 1 章　设置账户实训

1.1　设置总账账户

（1）《企业会计准则——应用指南》为什么要对总账账户规定统一执行的会计科目？

答：《企业会计准则——应用指南》中规定了 156 个总分类核算的会计科目及其主要账务处理，这是为了对企业经济业务事项会计处理的会计记录进行规范，能够使会计准则更具操作性，使会计信息具有一致性和可比性。

（2）设置总账账户有什么作用？

答：设置总账账户，有利于分别归集性质不同的经济业务，提供各种总括的会计核算信息资料，概括地反映一个会计主体的会计要素的增减变动情况和结果。同时，由于应按统一规定的会计科目设置总账账户，因此总账账户的设置还能规范企业的会计记录。

（3）通过上述实训，你认为设置总账账户的依据是什么。

答：设置总账账户应以《企业会计准则——应用指南》规定的会计科目为基本依据，在不违反会计准则的前提下，也可以根据企业的实际情况，增设、分拆、合并会计科目。

1.2　设置明细账账户

（1）设置明细账账户有什么作用？

答：明细账账户是按每一总账账户的详细内容而设置的，因而各明细账账户分别从属于不同的总账账户，设置明细账账户能够详细地反映各总账账户的具体内容，有利于满足企业经济管理上具体需要。

（2）如果某明细账账户反映的核算内容不够详细，如上述 4 号轴承钢还存在用途上的不同，是否可在其下进一步设置反映问题更为详细的明细账？

答：如果某明细账账户反映的核算内容还不够详细，不能满足会计提供详细信息，不能满足企业管理上的需要，可将其设置为二级账户，其下再根据该账户的具体内容设置明细账户。可以再根据 4 号轴承钢材质差异及用途上的不同，在“4 号轴承钢材明细账”之下再分别设置明细账户。

（3）是否所有的总账账户都需要设立其明细账？

答：是的。由于总账账户只能概括地反映某一类性质相同的经济业务情况，其所提供的会计信息难以满足经济管理上的具体需要，因此应在总账之下为其设置明细账，对总账账户的核算进行必要的补充。

（4）能否概括一下总账与明细账之间的关系？

答：总账与明细账之间的关系可以概括为两方面，一是总账与明细账之间存在的统御与从属关系；二是总账金额与其从属明细账金额应相等的数量关系。

1.3 划分账户类别

（1）为什么要进行账户的分类？

答：掌握账户的分类有利于设计会计账簿格式，便于会计报表的编制，也便于为一个会计主体设置完整的会计核算账户体系，全面反映企业经营活动和资金运动情况。

（2）账户按经济内容和按用途与结构分类有什么意义？存在什么关系？

答：账户按经济内容有利于明确账户的经济内容，正确掌握会计账户与不同会计报表之间的关系，可以更好地对外提供会计信息服务；账户按用途与结构分类，一是有利于满足企业内部管理上的需要，明确各账户所能提供的核算指标；二是有利于会计在核算中正确运用账户，明确账户所记录金额的经济意义。两种分类的关系可概括为：账户按经济内容分类是账户的基本分类，账户按用途与结构分类是对账户按经济内容分类的补充，但两者都是同一账户体系的不同表现。

第 2 章 应用原始凭证实训

2.1 填制原始凭证

（1）填制原始凭证有什么重要作用？

答：填制原始凭证可以记载经济业务的发生情况，填制完成的原始凭证是经济业务已经发生的书面证明，是会计核算的根据。

（2）填制原始凭证主要注意哪些事项？

答：原则上来讲，应注意的事项有：真实性、及时性、正确性等。

（3）重要的原始凭证填错后该如何处理？试举一两例说明。

答：重要的原始凭证填错后，应在其上加盖“作废”印章并妥善保管。如填写错的发票、支票等，在加盖“作废”印章后，连同其他的错票按其编号保存在原发票本、支票本中。

（4）在填制原始凭证时可否根据企业管理需要，对凭证中的部分内容进行变通填写，如将时间提前或延后、改变数量与单价等？为什么？

答：不可以，因为对凭证中的部分内容进行变通填写，违反了会计准则规定的会计核算的真实性要求。

2.2 审核原始凭证

（1）原始凭证审核中应注意的首要问题是什么？

答：原始凭证审核中应注意的首要问题是合法、合规、合理。

（2）为什么重要的原始凭证在作废后要加盖“作废”印章并保存？

答：重要的原始凭证在作废后要加盖“作废”印章，是为了防止其被不合法地再利用；

保存则是为证明其确实已作废，防范舞弊行为的产生。

（3）原始凭证的真实性审核历来是一个难题，如何才能确保原始凭证的真实性呢？

答：（此问题请同学交流各自的看法）

2.3 解读原始凭证

（1）正确解读原始凭证的重要作用。

答：正确解读原始凭证是正确进行会计核算的前提，只有正确地解读原始凭证，才能够正确判断所发生经济事项的性质，才能做出正确的会计处理，保证会计核算的质量。

（2）正确解读原始凭证要注意的问题。

答：正确解读原始凭证应注意的问题主要有：原始凭证作为会计核算根据的有效性、原始凭证所反映的是什么经济业务及其数量等问题。

（3）原始凭证与经济业务之间的关系如何？

答：原始凭证能够反映经济业务发生的时间；经济业务的具体内容、数量和金额；经济业务发生的地点和有关单位的名称及有关责任人员等。

第3章 应用记账凭证实训

3.1 填制复式记账凭证

（1）通过上述记账凭证的填制，你可否总结出几点经验？

答：（略，请总结出自己的经验）

（2）对实训结果提示中所编制完成的记账凭证，你能提出几点改进的建议吗？

答：（略，请提出自己的建议）

（3）你能分别列示专用记账凭证、通用记账凭证的优缺点吗？

答：专用记账凭证有利于会计的分工协作和分类编制记账凭证汇总表，并且所编制的记账凭证汇总表能够反映账户的对应关系，便于了解经济业务的来龙去脉，但专用记账凭证只比较适用于经济业务繁杂的大中型企业。通用记账凭证则比较适用于经济业务数量较少的企业，通用记账凭证一般采用科目汇总表形式汇总，因此可以简化记账凭证的分类、汇总和总账的登记过程，所编科目汇总表还能起到试算平衡的作用，其缺点是：无法反映经济业务中账户之间所产生的对应关系。

3.2 填制单式记账凭证

（1）填制单式记账凭证是否遵守了复式记账原理？

答：单式记账凭证的填制，虽将借方和贷方分别填写在两张或两张以上的记账凭证中，但从最终所反映的会计处理结果来看，仍然遵守了“有借必有贷、借贷必相等”且同时在两个或两个以上账户中进行登记的复式记账原理。

（2）哪一行业会计实务中较多地采用单式记账凭证？

答：银行等金融企业会计实务中较多地采用单式记账凭证。

（3）在借项记账凭证和贷项记账凭证中所列示的“对应总账科目”是否作为登记账簿

的依据？

答：不可以，借项记账凭证和贷项记账凭证是单式记账凭证中所采用的记账凭证，应根据借项记账凭证登记有关账户的借方，根据贷项记账凭证登记有关账户的贷方。如再根据借项记账凭证或贷项记账凭证中所列示的“对应总账科目”登记账簿，就会造成重复记账。

3.3　审核记账凭证

（1）如何才能做好记账凭证的审核工作？

答：做好记账凭证的审核工作，一要注意记账凭证内容与所附原始凭证内容的一致性；二要注意记账凭证中有关会计处理的正确性；三要注意有关人员签名等项目填列的齐全性。

（2）如何认识会计工作中细小的工作环节？

答：会计实务工作是由一系列严谨、细致的工作环节所构成，任何一个细小的工作环节出现了问题，都有可能产生一定的隐患或为以后的工作带来不便。做好任何一个细小环节的工作，有利于不断加强责任心和严谨工作态度的养成，保证会计核算的质量。

第 4 章　应用会计账簿实训

4.1　登记日记账

（1）库存现金日记账和银行存款日记账登记的特点是什么？

答：逐日逐笔登记，日清月结。

（2）在登记日记账时应注意哪些问题？

答：由出纳人员按照审核无误的收付款凭证，逐日逐笔顺序登记。登记账簿时，应将会计凭证日期、编号、业务内容摘要、金额和其他有关资料逐项记入账内，连续登记，不得跳行、隔页，注意记账文字、数字清楚、规范，注意每日业务终了，结计出当日余额。

4.2　编制银行存款余额调节表

（1）为什么要进行银行存款核对？编制银行存款调节表的目的是什么？

答：为保证账簿资料的真实、准确，确定银行存款的实有数，查明实存数与账存数之间的差异及发生差异的原因和责任，保证银行存款的安全完整，要进行银行存款的核对，编制银行存款调节表。

（2）是否可以按照银行存款余额调节表补记企业的银行存款日记账？

答：不可以。银行存款余额调节表只起验证账实是否相符的作用，不是原始凭证，不能作为调整账面余额的依据，应在有关结算凭证到达后，再登记银行存款日记账。

4.3　登记总账和明细账

（1）为什么要对总账和明细账进行平行登记？平行登记的要点是什么？

答：为了使总账与明细账之间能起到统御、控制与辅助、补充的作用，便于账户核对，确保账户资料的正确、完整，必须采用平行登记的方法登记总账和明细账。平行登记的要点是：登记的期间相同；登记的依据相同；登记的方向相同；登记的金额相等。

（2）比较以记账凭证为依据直接登记总账与以科目汇总表为依据登记总账的区别及各自的优缺点、适用范围。

答：区别在于登记总账的依据不同，科目汇总表方式需要先根据记账凭证编制科目汇总表再登记总账，而不是根据记账凭证直接登记总账。根据记账凭证登记总账的优点在于详细、易于理解、便于操作，缺点在于登记总账工作量大，因此适于规模不大、业务量不多的企业；以科目汇总表为依据登记总账，优点在于简化了登记总账的工作、可以试算平衡；缺点在于汇总表和总账都不能反映账户间的对应关系，不便于通过总账了解经济业务的来龙去脉，不便于查账，适于经营规模大、业务量多、记账凭证数量多的企业。

4.4 更正错账

（1）错账更正方法分别适用于什么情形？

答：画线更正法适于凭证无误，更正账簿登记中的文字或数字错误；红字更正法适于记账后发现凭证和账簿科目无误，所记金额大于应记的正确金额和记账后发现凭证和账簿科目或方向有误；补充登记法适于记账后发现凭证和账簿科目无误，所记金额小于应记的正确金额。

（2）在更正差错时应注意哪些问题？

答：注意分析出现差错的类型，选择正确的改错方法。

第5章 编制会计报表实训

5.1 期末转账与结账

（1）期末转账与结账的工作程序是什么？

答：期末转账与结账前，必须将本期发生的经济业务全部登记入账，实行权责发生制的单位，需进行账项的调整，在此基础上进行有关转账业务的账务处理，以确定本期的成本、费用、收入和利润，再办理结账业务，结计各账户本期发生额合计及余额。

（2）结账的意义是什么？

答：各单位经济活动是连续不断进行的，为了总结每一会计期间的经济活动情况，考核经营成果，编制会计报表，必须在每一会计期末进行结账。

5.2 编制资产负债表

（1）资产负债表编制的原理是什么？

答：资产负债表编制的原理是：资产=负债+所有者权益。

（2）如何把握资产负债表编制的程序和特点？

答：（此问题请同学们交流各自的看法）

5.3 编制利润表

（1）利润表编制的原理是什么？

答：利润表编制的原理是：收入−费用=利润。

（2）如何把握利润表编制的程序和特点？

答：（此问题请同学们交流各自的看法）

第 6 章　基础会计综合实训

（1）比较科目汇总表处理程序和汇总记账凭证处理程序的异同。

答：登记总账的依据不同。二者都可以简化登记总账的工作，减轻登记总账的工作量；但对记账凭证的汇总方法不同，科目汇总表不考虑账户的对应关系，只汇总本科目的发生额，可以试算平衡，而汇总记账凭证是按照账户对应关系汇总，不能进行总体的试算平衡。

（2）通过实训，总结企业会计核算的技术方法是如何衔接并共同组成会计核算体系的。

答：（此问题请同学们交流各自的看法）

（3）通过实训，你有什么收获？需要吸取的经验和教训有哪些？

答：（此问题请同学们交流各自的看法）

附录 B 《会计基础工作规范》

会计基础工作规范

第一章 总 则

第一条 为了加强会计基础工作，建立规范的会计工作秩序，提高会计工作水平，根据《中华人民共和国会计法》的有关规定，制定本规范。

第二条 国家机关、社会团体、企业、事业单位、个体工商户和其他组织的会计基础工作，应当符合本规范的规定。

第三条 各单位应当依据有关法律、法规和本规范的规定，加强会计基础工作，严格执行会计法规制度，保证会计工作依法有序地进行。

第四条 单位领导人对本单位的会计基础工作负有领导责任。

第五条 各省、自治区、直辖市财政厅（局）要加强对会计基础工作的管理和指导，通过政策引导、经验交流、监督检查等措施，促进基层单位加强会计基础工作，不断提高会计工作水平。

第二章 会计机构和会计人员

第一节 会计机构设置和会计人员配备

第六条 各单位应当根据会计业务的需要设置会计机构；不具备单独设置会计机构条件的，应当在有关机构中配备专职会计人员。

事业行政单位会计机构的设置和会计人员的配备，应当符合国家统一事业行政单位会计制度的规定。

设置会计机构，应当配备会计机构负责人；在有关机构中配备专职会计人员，应当在专职会计人员中指定会计主管人员。

会计机构负责人、会计主管人员的任免，应当符合《中华人民共和国会计法》和有关法律的规定。

第七条 会计机构负责人、会计主管人员应当具备下列基本条件：

（一）坚持原则，廉洁奉公；

（二）具有会计专业技术资格；

（三）主管一个单位或者单位内一个重要方面的财务会计工作时间不少于两年；

（四）熟悉国家财经法律、法规、规章和方针、政策，掌握本行业业务管理的有关知识；

（五）有较强的组织能力；

（六）身体状况能够适应本职工作的要求。

第八条 没有设置会计机构和配备会计人员的单位，应当根据《代理记账管理暂行办法》委托会计师事务所或者持有代理记账许可证书的其他代理记账机构进行代理记账。

第九条 大、中型企业、事业单位、业务主管部门应当根据法律和国家有关规定设置总会计师。总会计师由具有会计师以上专业技术资格的人员担任。

总会计师行使《总会计师条例》规定的职责、权限。

总会计师的任命（聘任）、免职（解聘）依照《总会计师条例》和有关法律的规定办理。

第十条 各单位应当根据会计业务需要配备持有会计证的会计人员。未取得会计证的人员，不得从事会计工作。

第十一条 各单位应当根据会计业务需要设置会计工作岗位。

会计工作岗位一般可分为：会计机构负责人或者会计主管人员，出纳，财产物资核算，工资核算，成本核算，财务成果核算，资金核算，往来结算，总账报表，稽核，档案管理等。开展会计电算化和管理会计的单位，可以根据需要设置相应工作岗位，也可以与其他工作岗位相结合。

第十二条 会计工作岗位，可以一人一岗、一人多岗或者一岗多人。但出纳人员不得兼管稽核、会计档案保管和收入、费用、债权债务账目的登记工作。

第十三条 会计人员的工作岗位应当有计划地进行轮换。

第十四条 会计人员应当具备必要的专业知识和专业技能，熟悉国家有关法律、法规、规章和国家统一会计制度，遵守职业道德。

会计人员应当按照国家有关规定参加会计业务的培训。各单位应当合理安排会计人员的培训，保证会计人员每年有一定时间用于学习和参加培训。

第十五条 各单位领导人应当支持会计机构、会计人员，依法行使职权；对忠于职守，坚持原则，做出显著成绩的会计机构、会计人员，应当给予精神的和物质的奖励。

第十六条 国家机关、国有企业、事业单位任用会计人员应当实行回避制度。

单位领导人的直系亲属不得担任本单位的会计机构负责人、会计主管人员。会计机构负责人、会计主管人员的直系亲属不得在本单位会计机构中担任出纳工作。

需要回避的直系亲属为：夫妻关系、直系血亲关系、三代以内旁系血亲以及配偶关系。

第二节 会计人员职业道德

第十七条 会计人员在会计工作中应当遵守职业道德，树立良好的职业品质、严谨的工作作风，严守工作纪律，努力提高工作效率和工作质量。

第十八条 会计人员应当热爱本职工作，努力钻研业务，使自己的知识和技能适应所从事工作的要求。

第十九条 会计人员应当熟悉财经法律、法规、规章和国家统一会计制度，并结合会计工作进行广泛宣传。

第二十条 会计人员应当按照会计法律、法规和国家统一会计制度规定的程序和要求进行会计工作，保证所提供的会计信息合法、真实、准确、及时、完整。

第二十一条 会计人员办理会计事务应当实事求是、客观公正。

第二十二条 会计人员应当熟悉本单位的生产经营和业务管理情况，运用掌握的会计信息和会计方法，为改善单位内部管理、提高经济效益服务。

第二十三条 会计人员应当保守本单位的商业秘密。除法律规定和单位领导人同意外不能私自向外界提供或泄露单位的会计信息。

第二十四条 财政部门、业务主管部门和各单位应当定期检查会计人员遵守职业道德的情况，并作为会计人员晋升、晋级、聘任专业职务、表彰奖励的重要考核依据。

会计人员违反职业道德的由所在单位进行处罚；情节严重的，由会计证发证机关吊销其会计证。

第三节 会计工作交接

第二十五条 会计人员工作调动或者因故离职，必须将本人所经管的会计工作全部移交给接替人员。没有办清交接手续的，不得调动或者离职。

第二十六条 接替人员应当认真接管移交工作，并继续办理移交的未了事项。

第二十七条 会计人员办理移交手续前，必须及时做好以下工作：

（一）已经受理的经济业务尚未填制会计凭证的，应当填制完毕。

（二）尚未登记的账目，应当登记完毕，并在最后一笔余额后加盖经办人员印章。

（三）整理应该移交的各项资料，对未了事项写出书面材料。

（四）编制移交清册，列明应当移交的会计凭证、会计账簿、会计报表、印章、现金、有价证券、支票簿、发票、文件、其他会计资料和物品等内容；实行会计电算化的单位，从事该项工作的移交人员还应当在移交清册中列明会计软件及密码、会计软件数据磁盘（磁带等）及有关资料、实物等内容。

第二十八条 会计人员办理交接手续，必须有监交人负责监交。一般会计人员交接，由单位会计机构负责人、会计主管人员负责监交；会计机构负责人、会计主管人员交接，由单位领导人负责监交，必要时可由上级主管部门派人会同监交。

第二十九条 移交人员在办理移交时，要按移交清册逐项移交；接替人员要逐项核对点收。

（一）现金、有价证券要根据会计账簿有关记录进行点交。库存现金、有价证券必须与会计账簿记录保持一致。不一致时，移交人员必须限期查清。

（二）会计凭证、会计账簿、会计报表和其他会计资料必须完整无缺。如有短缺，必须查清原因，并在移交清册中注明，由移交人员负责。

（三）银行存款账户余额要与银行对账单核对，如不一致，应当编制银行存款余额调节表调节相符，各种财产物资和债权债务的明细账户余额要与总账有关账户余额核对相符，必要时，要抽查个别账户的余额，与实物核对相符，或者与往来单位、个人核对清楚。

（四）移交人员经管的票据、印章和其他实物等，必须交接清楚；移交人员从事会计电算化工作的，要对有关电子数据在实际操作状态下进行交接。

第三十条 会计机构负责人、会计主管人员移交时，还必须将全部财务会计工作、重大财务收支和会计人员的情况等，向接替人员详细介绍。对需要移交的遗留问题，应当写出书面材料。

第三十一条 交接完毕后，交接双方和监交人员要在移交清册上签名或者盖章。并应在移交清册上注明：单位名称，交接日期，交接双方和监交人员的职务、姓名，移交清册页数以及需要说明的问题和意见等。

移交清册一般应当填制一式三份，交接双方各执一份，存档一份。

第三十二条 接替人员应当继续使用移交的会计账簿，不得另立新账，以保持会计记录的连续性。

第三十三条 会计人员临时离职或者因病不能工作且需要接替或者代理的，会计机构负责人、会计主管人员或者单位领导人必须指定有关人员接替或者代理，并办理交接手续。

临时离职或者因病不能工作的会计人员恢复工作的，应当与接替或者代理人员办理交接手续。

移交人员因病或者其他特殊原因不能亲自办理移交的，经单位领导人批准，可由移交人员委托他人代办移交，但委托人应当承担本规范第三十五条规定的责任。

第三十四条 单位撤销时，必须留有必要的会计人员，会同有关人员办理清理工作，编制决算。未移交前，不得离职。接收单位和移交日期由主管部门确定。

单位合并、分立的，其会计工作交接手续比照上述有关规定办理。

第三十五条 移交人员对所移交的会计凭证、会计账簿、会计报表和其他有关资料的合法性、真实性承担法律责任。

第二章 会计核算

第一节 会计核算一般要求

第三十六条 各单位应当按照《中华人民共和国会计法》和国家统一会计制度的规定建立会计账册，进行会计核算，及时提供合法、真实、准确、完整的会计信息。

第三十七条 各单位发生的下列事项，应当及时办理会计手续、进行会计核算：

（一）款项和有价证券的收付；

（二）财物的收发、增减和使用、

（三）债权债务的发生和结算；

（四）资本、基金的增减；

（五）收入、支出、费用、成本的计算；

（六）财务成果的计算和处理；

（七）其他需要办理会计手续、进行会计核算的事项。

第三十八条 各单位的会计核算应当以实际发生的经济业务为依据，按照规定的会计处理方法进行，保证会计指标的口径一致、相互可比和会计处理方法的前后各期相一致。

第三十九条 会计年度自公历1月1日起至12月31日止。

第四十条 会计核算以人民币为记账本位币。

收支业务以外国货币为主的单位，也可以选定某种外国货币作为记账本位币，但是编制的会计报表应当折算为人民币反映。

境外单位向国内有关部门编报的会计报表，应当折算为人民币反映。

第四十一条 各单位根据国家统一会计制度的要求，在不影响会计核算要求、会计报表指标汇总和对外统一会计报表的前提下，可以根据实际情况自行设置和使用会计科目。

事业行政单位会计科目的设置和使用，应当符合国家统一事业行政单位会计制度的规定。

第四十二条 会计凭证、会计账簿、会计报表和其他会计资料的内容和要求必须符合国家统一会计制度的规定，不得伪造、变造会计凭证和会计账簿，不得设置账外账，不得报送虚假会计报表。

第四十三条 各单位对外报送的会计报表格式由财政部统一规定。

第四十四条 实行会计电算化的单位，对使用的会计软件及其生成的会计凭证、会计账簿、会计报表和其他会计资料的要求，应当符合财政部关于会计电算化的有关规定。

第四十五条 各单位的会计凭证、会计账簿、会计报表和其他会计资料，应当建立档案，妥善保管。会计档案建档要求、保管期限、销毁办法等依据《会计档案管理办法》的规定进行。

实行会计电算化的单位，有关电子数据、会计软件资料等应当作为会计档案进行管理。

第四十六条 会计记录的文字应当使用中文，少数民族自治地区可以同时使用少数民族文字。中国境内的外商投资企业、外商企业和其他外国经济组织也可以同时使用某种外国文字。

第二节 填制会计凭证

第四十七条 各单位办理本规范第三十七条规定的事项，必须取得或者填制原始凭证，并及时送交会计机构。

第四十八条 原始凭证的基本要求是：

（一）原始凭证的内容必须具备：凭证的名称；填制凭证的日期；填制凭证单位名称或者填制人姓名；经办人员的签名或者盖章；接受凭证单位名称；经济业务内容；数量、单位和金额。

（二）从外单位取得的原始凭证，必须盖有填制单位的公章；从个人取得的原始凭证，必须有填制人员签名或者盖章。自制原始凭证必须有经办单位领导人或者其指定的人员签名或者盖章。对外开出的原始凭证，必须加盖本单位公章。

（三）凡填有大写和小写金额的原始凭证，大写小写金额必须相符。购买实物的原始凭证，必须有验收证明。支付款项的原始凭证，必须有收款单位和收款人的收款证明。

（四）一式几联的发票和收据，必须用双面复写纸（发票和收据本身具备复写功能的除外）套写，并连续编号。作废时应当加盖“作废”戳记，连同存根一起保存，不得撕毁。

（五）发生销货退回的，除填制退货发票外，还必须有退货验收证明；退款时，必须取得对方的收款收据或者汇款银行的凭证，不得以退货发票代替收据。

（六）职工公出借款凭据，必须附在记账凭证之后。收回借款时，应当另开收据或者退还借据副本，不得退还原借款收据。

（七）经上级有关部门批准的经济业务，应当将批准文件作为原始凭证附件。如果批准文件需要单独归档的，应当在凭证上注明批准机关名称、日期和文件字号。

第四十九条 原始凭证不得涂改、挖补。发现原始凭证有错误的应当由开出单位重开或者更正，更正处应当加盖开出单位的公章。

第五十条 会计机构、会计人员要根据审核无误的原始凭证填制记账凭证。

记账凭证可以分为收款凭证、付款凭证和转账凭证，也可以使用通用记账凭证。

第五十一条 记账凭证的基本要求是：

（一）记账凭证的内容必须具备：填制凭证的日期；凭证编号；经济业务摘要；会计科目；金额；所附原始凭证张数；填制凭证人员、稽核人员、记账人员、会计机构负责人、会计主管人员签名或者盖章。收款和付款记账凭证还应当由出纳人员签名或者盖章。

以自制的原始凭证或者原始凭证汇总表代替记账凭证的，也必须具备记账凭证应有的项目。

（二）填制记账凭证时，应当对记账凭证进行连续编号。一笔经济业务需要填制两张以上记账凭证的，可以采用分数编号法编号。

（三）记账凭证可以根据每一张原始凭证填制，或者根据若干张同类原始凭证汇总填制，也可以根据原始凭证汇总表填制。但不得将不同内容和类别的原始凭证汇总填制在一张记账凭证上。

（四）除结账和更正错误的记账凭证可以不附原始凭证外，其他记账凭证必须附有原始凭证。如果一张原始凭证涉及几张记账凭证，可以把原始凭证附在一张主要的记账凭证后面，并在其他记账凭证上注明附有该原始凭证的记账凭证的编号或者附原始凭证复印件。

一张原始凭证所列支出需要几个单位共同负担的，应当将其他单位负担的部分，开给对方原始凭证分割单，进行结算。原始凭证分割单必须具备原始凭证的基本内容：凭证名称、填制凭证日期、填制凭证单位名称或者填制人姓名、经办人的签名或者盖章、接受凭证单位名称、经济业务内容、数量、单价、金额和费用分摊情况等。

（五）如果在填制记账凭证时发生错误，应当重新填制。

已经登记入账的记账凭证，在当年内发现填写错误时，可以用红字填写一张与原内容相同的记账凭证，在摘要栏注明“注销某月某日某号凭证”字样，同时再用蓝字重新填制一张正确的记账凭证，注明“订正某月某日某号凭证”字样。如果会计科目没有错误，只是金额错误，也可以将正确数字与错误数字之间的差额，另编一张调整的记账凭证，调增金额用蓝字，调减金额用红字。发现以前年度记账凭证有错误的，应当用蓝字填制一张更正的记账凭证。

（六）记账凭证填制完经济业务事项后，如有空行，应当自金额栏最后一笔金额数字下空行处至合计数上的空行处画线注销。

第五十二条 填制会计凭证，字迹必须清晰、工整，并符合下列要求：

（一）阿拉伯数字应当一个一个地写，不得连笔写。阿拉伯数字前面应当书写货币币种符号或者货币名称简写。币种符号与阿拉伯金额数字之间不得留有空白。凡阿拉伯数字前写有币种符号的，数字后面不再写货币单位。

（二）所有以元为单位（其他货币种类为货币基本单位，下同）的阿拉伯数字，除表示单价等情况外，一律填写到角分；无角分的，角位和分位可写“00”，或者符号“—”；有角无分的，分位应当写“0”，不得用符号“—”代替。

（三）汉字大写数字金额如零、壹、贰、叁、肆、伍、陆、柒、捌、玖、拾、佰、仟、万、亿等，一律用正楷或者行书体书写，不得用〇、一、二、三、四、五、六、七、八、九、十等简化字代替，不得任意自造简化字。大写金额数字到元或者角为止的，在“元”或者“角”之后应当写“整”字或“正”字；大写金额数字有分的，分字后面不写“整”字或“正”字。

（四）大写金额数字前未印有货币名称的，应当加填货币名称，货币名称与金额数字之间不得留有空白。

（五）阿拉伯金额数字中间有“0”时，汉字大写金额要写“零”；阿拉伯数字金额中间连续有几个“0”时，汉字大写金额中可以只写一个“零”字；阿拉伯金额数字元位是“0”，或者数字中间连续有几个“0”、元位也是“0”但角位不是“0”时，汉字大写金额可以只写一个“零”字，也可以不写“零”字。

第五十三条 实行电算化的单位，对于机制记账凭证，要认真审核，做到会计科目使用正确，数字准确无误。打印出的机制记账凭证要加盖制单人员、审核人员、记账人员及会计机构负责人、会计主管人员印章或者签字。

第五十四条 各单位会计凭证的传递程序应当科学、合理，具体办法由各单位根据会计业务需要自行规定。

第五十五条 会计机构、会计人员要妥善保管会计凭证。

（一）会计凭证应当及时传递，不得积压。

（二）会计凭证登记完毕后，应当按照分类和编号顺序保管，不得散乱丢失。

（三）记账凭证应当连同所附的原始凭证或者原始凭证汇总表，按照编号顺序，折叠整齐，按期装订成册，并加具封面，注明单位名称、年度、月份和起讫日期、凭证种类、起讫号码，由装订人在装订线封签处签名或者盖章。

对于数量过多的原始凭证，可以单独装订保管，在封面上注明记账凭证日期、编号、种类，同时在记账凭证上注明“附件另订”和原始凭证名称及编号。

各种经济合同、存出保证金收据以及涉外文件等重要原始凭证，应当另编目录，单独登记保管，并在有关的记账凭证和原始凭证上相互注明日期和编号。

（四）原始凭证不得外借，其他单位如因特殊原因需要使用原始凭证时，经本单位会计机构负责人、会计主管人员批准，可以复制。向外单位提供的原始凭证复制件，应当在专设的登记簿上登记，并由提供人员和收到人员共同签名或者盖章。

（五）从外单位取得的原始凭证如有遗失，应当取得原开出单位盖有公章的证明，并注明原来凭证的号码、金额和内容等，由经办单位会计机构负责人、会计主管人员和单位领导人批准后，才能代作原始凭证。如果确实无法取得证明的，如火车、轮船、飞机票等凭证，由当事人写出详细情况，由经办单位会计机构负责人、会计主管人员和单位领导人批准后，代作原始凭证。

第三节 登记会计账簿

第五十六条 各单位应当按照国家统一会计制度的规定和会计业务的需要设置会计账簿。会计账簿包括总账、明细账、日记账和其他辅助性账簿。

第五十七条 现金日记账和银行存款日记账必须采用订本式账簿。不得用银行对账单或者其他方法代替日记账。

第五十八条 实行会计电算化的单位，用计算机打印的会计账簿必须连续编号，经审核无误后装订成册，并由记账人员和会计机构负责人、会计主管人员签字或者盖章。

第五十九条 启用会计账簿时，应当在账簿封面上写明单位名称和账簿名称。在账簿扉页上应当附启用表，内容包括：启用日期、账簿页数、记账人员和会计机构负责人、会计主管人员姓名，并加盖名章和单位公章。记账人员或者会计机构负责人、会计主管人员调动工作时，应当注明交接日期、接办人员或者监交人员姓名，并由交接双方人员签名或者盖章。

启用订本式账簿，应当从第一页到最后一页顺序编定页数，不得跳页、缺号。使用活页式账页，应当按账户顺序编号，并须定期装订成册。装订后再按实际使用的账页顺序编定页码。另加目录，记明每个账户的名称和页次。

第六十条 会计人员应当根据审核无误的会计凭证登记会计账簿。登记账簿的基本要求是：

（一）登记会计账簿时，应当将会计凭证日期、编号、业务内容摘要、金额和其他有关资料逐项记入账内，做到数字准确、摘要清楚、登记及时、字迹工整。

（二）登记完毕后，要在记账凭证上签名或者盖章，并注明已经登账的符号，表示已经记账。

（三）账簿中书写的文字和数字上面要留有适当空格，不要写满格，一般应占格距的二分之一。

（四）登记账簿要用蓝黑墨水或者碳素墨水书写，不得使用圆珠笔（银行的复写账簿除外）或者铅笔书写。

（五）下列情况，可以用红色墨水记账：

1. 按照红字冲账的记账凭证，冲销错误记录；

2. 在不设借贷等栏的多栏式账页中，登记减少数；

3. 在三栏式账户的余额栏前，如未印明余额方向的在余额栏内登记负数余额；

4. 根据国家统一会计制度的规定可以用红字登记的其他会计记录。

（六）各种账簿按页次顺序连续登记，不得跳行、隔页。如果发生跳行、隔页，应当将空行、空页划线注销，或者注明“此行空白”、“此页空白”字样，并由记账人员签名或者盖章。

（七）凡需要结出余额的账户，结出余额后，应当在“借或贷”栏内写明“借”或者“贷”字样，没有余额的账户，应当在“借或贷”栏内写“平”字，并在余额栏内用“θ”表示。

现金日记账和银行存款日记账必须逐日结出余额。

（八）每一账页登记完毕结转下页时，应当结出本页合计数及其余额，写在本页最后一行和下页第一行有关栏内，并在摘要栏内注明“过次页”和“承前页”字样；也可以将本页合计数及金额只写在下页第一行有关栏内，并在摘要栏内注明“承前页”字样。

对需要结计本月发生额的账户，结计“过次页”的本页合计数应当为自本月初起至本页末止的发生额合计数；对需要结计本年累计发生额的账户，结计“过次页”的本页合计数应当为自年初起至本页末止的累计数；对既不需要结计本月发生额也不需要结计本年累计发生额的账户，可以只将每页末的余额结转次页。

第六十一条 实行会计电算化的单位，总账和明细账应当定期打印。

发生收款和付款业务的，在输入收款凭证和付款凭证的当天必须打印出现金日记账和银行存款日记账，并与库存现金核对无误。

第六十二条 账簿记录发生错误，不准涂改、挖补、刮擦或者用药水消除字迹，不准重新抄写，必须按照下列方法进行更正：

（一）登记账簿时发生错误，应当将错误的文字或者数字划红线注销，但必须使原有字迹仍可辨认；然后在画线上方填写正确的文字或者数字，并由记账人员在更正处盖章。对于错误的数字，应当全部画红线更正，不得只更正其中的错误数字。对于文字错误，可只划去错误的部分。

（二）由于记账凭证错误而使账簿记录发生错误，应当按更正的记账凭证登记账簿。

第六十三条 各单位应当定期对会计账簿记录的有关数字与库存实物、货币资金、有价证券、往来单位或者个人等进行相互核对，保证账证相符、账账相符、账实相符。对账工作每年至少进行一次。

（一）账证核对。核对会计账簿记录与原始凭证、记账凭证的时间、凭证字号、内容、金额是否一致，记账方向是否相符。

（二）账账核对。核对不同会计账簿之间的账簿记录是否相符，包括：总账有关账户的余额核对，总账与明细账核对，总账与日记账核对，会计部门的财产物资明细账与财产物资保管和使用部门的有关明细账核对等。

（三）账实核对。核对会计账簿记录与财产等实有数额是否相符。包括：现金日记账账面余额与现金实际库存数相核对；银行存款日记账账面余额定期与银行对账单相核对；各种财物明细账账面余额与财物实存数额相核对；各种应收、应付款明细账账面余额与有关债务、债权单位或者个人核对等。

第六十四条 各单位应当按照规定定期结账。

（一）结账前，必须将本期内所发生的各项经济业务全部登记入账。

（二）结账时，应当结出每个账户的期末余额。需要结出当月发生额的，应当在摘要栏内注明“本月合计”字样，并在下面通栏画单红线；需要结出本年累计发生额的应当在摘要栏内注明“本年累计”字样，并在下面通栏画单红线；十二月末的“本年累计”就是全年累计发生额，全年累计发生额下面应当通栏画双红线。年度终了结账时，所有总账账户都应当结出全年发生额和年末余额。

（三）年度终了，要把各账户的余额结转到下一会计年度，并在摘要栏注明“结转下年”字样；在下一会计年度新建有关会计账簿的第一行余额栏内填写上年结转的余额，并在摘要栏注明“上年结转”字样。

第四节 编制财务报告

第六十五条 各单位必须按照国家统一会计制度的规定，定期编制财务报告。

财务报告包括会计报表及其说明。会计报表包括会计报表主表、会计报表附表、会计报表附注。

第六十六条 各单位对外报送的财务报告应当根据国家统一会计制度规定的格式和要求编制。

单位内部使用的财务报告，其格式和要求由各单位自行规定。

第六十七条 会计报表应当根据登记完整、核对无误的会计账簿记录和其他有关资料编制，做到数字真实、计算准确、内容完整、说明清楚。

任何人不得篡改或者授意、指使、强迫他人篡改会计报表的有关数字。

第六十八条 会计报表之间、会计报表各项目之间，凡有对应关系的数字，应当相互一致。本期会计报表与上期会计报表之间有关系的数字应当相互衔接。如果不同会计年度会计报表中各项目的内容和核算方法有变更的应当在年度会计报表中加以说明。

第六十九条 各单位应当按照国家统一会计制度的规定认真编写会计报表附注及其说明，做到项目齐全，内容完整。

第七十条 各单位应当按照国家规定的期限对外报送财务报告。

对外报送的财务报告，应当依次编定页码，加具封面，装订成册，加盖公章。封面上应当注明：单位名称，单位地址，财务报告所属年度、季度、月度，送出日期，并由单位领导人、总会计师、会计机构负责人、会计主管人员签名或者盖章。

单位领导人对财务报告的合法性、真实性负法律责任。

第七十一条 根据法律和国家有关规定应当对财务报告进行审计的，财务报告编制单位应当先行委托注册会计师进行审计，并将注册会计师出具的审计报告随同财务报告按照规定的期限报送有关部门。

第七十二条 如果发现对外报送的财务报告有错误，应当及时办理更正手续。除更正本单位留存的财务报告外，并应同时通知接受财务报告的单位更正。错误较多的，应当重新编报。

第四章 会计监督

第七十三条 各单位的会计机构、会计人员对本单位的经济活动进行会计监督。

第七十四条 会计机构、会计人员进行会计监督的依据是：

（一）财经法律、法规、规章；

（二）会计法律、法规和国家统一会计制度；

（三）各省、自治区、直辖市财政厅（局）和国务院业务主管部门根据《中华人民共和国会计法》和国家统一会计制度制定的具体实施办法或者补充规定；

（四）各单位根据《中华人民共和国会计法》和国家统一会计制度制定的单位内部会计管理制度；

（五）各单位内部的预算、财务计划、经济计划、业务计划等。

第七十五条 会计机构、会计人员应当对原始凭证进行审核和监督。

对不真实、不合法的原始凭证，不予受理。对弄虚作假、严重违法的原始凭证，在不予受理的同时，应当予以扣留，并及时向单位领导人报告，请求查明原因，追究当事人的责任。

对记载不准确、不完整的原始凭证，予以退回，要求经办人员更正、补充。

第七十六条 会计机构、会计人员对伪造、变造、故意毁灭会计账簿或者账外设账行为，应当制止和纠正；制止和纠正无效的，应当向上级主管单位报告，请求做出处理。

第七十七条 会计机构、会计人员应当对实物、款项进行监督，督促建立并严格执行财产清查制度。发现账簿记录与实物、款项不符时，应当按照国家有关规定进行处理。超出会计机构、会计人员职权范围的应当立即向本单位领导报告，请求查明原因，做出处理。

第七十八条 会计机构、会计人员对指使、强令编造、篡改财务报告行为，应当制止和纠正；制止和纠正无效的应当向上级主管单位报告，请求处理。

第七十九条 会计机构、会计人员应当对财务收支进行监督。

（一）对审批手续不全的财务收支，应当退回，要求补充、更正。

（二）对违反规定不纳入单位统一会计核算的财务收支，应当制止和纠正。

（三）对违反国家统一的财政、财务、会计制度规定的财务收支，不予办理。

（四）对认为是违反国家统一的财政、财务、会计制度规定的财务收支，应当制止和纠正；制止和纠正无效的，应当向单位领导人提出书面意见请求处理。

单位领导人应当在接到书面意见起十日内做出书面决定，并对决定承担责任。

（五）对违反国家统一的财政、财务、会计制度规定的财务收支，不予制止和纠正，又不向单位领导人提出书面意见的，也应当承担责任。

（六）对严重违反国家利益和社会公众利益的财务收支，应当向主管单位或者财政、审计、税务机关报告。

第八十条 会计机构、会计人员对违反单位内部会计管理制度的经济活动，应当制止和纠正；制止和纠正无效的，向单位领导人报告，请求处理。

第八十一条 会计机构、会计人员应当对单位制定的预算、财务计划、经济计划、业务计划的执行情况进行监督。

第八十二条 各单位必须依照法律和国家有关规定接受财政、审计、税务等机关的监督，如实提供会计凭证、会计账簿、会计报表和其他会计资料以及有关情况，不得拒绝、隐匿、谎报。

第八十三条 按照法律规定应当委托注册会计师进行审计的单位，应当委托注册会计师进行审计，并配合委托注册会计师的工作，如实提供会计凭证、会计账簿、会计报表和其他会计资料以及有关情况，不得拒绝、隐匿、谎报，不得示意注册会计师出具不当的审计报告。

第五章 内部会计管理制度

第八十四条 各单位应当根据《中华人民共和国会计法》和国家统一会计制度的规定，结合单位类型和内部管理的需要，建立健全相应的内部会计管理制度。

第八十五条 各单位制定内部会计管理制度应当遵循下列原则：

（一）应当执行法律、法规和国家统一的财务会计制度。

（二）应当体现本单位的生产经营、业务管理的特点和要求。

（三）应当全面规范本单位的会计工作，建立健全会计基础，保证会计工作的有序进行。

（四）应当科学、合理，便于操作和执行。

（五）应当定期检查执行情况。

（六）应当根据管理需要和执行中的问题不断完善。

第八十六条 各单位应当建立内部会计管理体系。主要内容包括：单位领导人、总会计师对会计工作的领导职责；会计部门及其会计机构负责人、会计主管人员的职责、权限；会计部门与其他职能部门的关系；会计核算的组织形式等。

第八十七条 各单位应当建立会计人员岗位责任制度。主要内容包括：会计人员的工作岗位设置；各会计工作岗位的职责和标准；各会计工作岗位的人员和具体分工；会计工作岗位轮换办法；对各会计工作岗位的考核办法。

第八十八条 各单位应当建立账务处理程序制度。主要内容包括：会计科目及其明细科目的设置和使用；会计凭证的格式、审核要求和传递程序；会计核算方法；会计账簿的设置；编制会计报表的种类和要求；单位会计指标体系。

第八十九条 各单位应当建立内部牵制制度。主要内容包括：内部牵制制度的原则；

组织分工；出纳岗位的职责和限制条件；有关岗位的职责和权限。

第九十条 各单位应当建立稽核制度。主要内容包括：稽核工作的组织形式和具体分工；稽核工作的职责、权限；审核会计凭证和复核会计账簿、会计报表的方法。

第九十一条 各单位应当建立原始记录管理制度。主要内容包括：原始记录的内容和填制方法；原始记录的格式；原始记录的审核；原始记录填制人的责任；原始记录签署、传递汇集要求。

第九十二条 各单位应当建立定额管理制度。主要内容包括：定额管理的范围；制定和修订定额的依据、程序和方法；定额的执行；定额考核和奖惩办法等。

第九十三条 各单位应当建立计量验收制度。主要内容包括：计量检测手段和方法；计量验收管理的要求；计量验收人员的责任和奖惩办法。

第九十四条 各单位应当建立财产清查制度。主要内容包括：财产清查的范围；财产清查的组织；财产清查的期限和方法；对财产清查中发现问题的处理方法；对财产管理人员的奖惩办法。

第九十五条 各单位应当建立财务收支审批制度。主要内容包括：财务收支审批人员和审批权限；财务收支审批程序；财务收支审批人员的责任。

第九十六条 实行成本核算的单位应当建立成本核算制度。主要内容包括：成本核算的对象；成本核算的方法和程序；成本分析等。

第九十七条 各单位应当建立财务会计分析制度。主要内容包括：财务会计分析的主要内容；财务会计分析的基本要求和组织程序；财务会计分析的具体方法；财务会计分析报告的编写要求等。

第六章 附 则

第九十八条 本规范所称国家统一会计制度，是指由财政部制定、或者财政部与国务院有关部门联合制定、或者经财政部审核批准的在全国范围内统一执行的会计规章、准则、办法等规范性文件。

本规范所称会计主管人员，是指不设置会计机构、只在其他机构中设置专职会计人员的单位行使会计机构负责人职权的人员。

本规范第三章第二节和第三节关于填制会计凭证、登记会计账簿的规定，除特别指出外，一般适用于手工记账。实行会计电算化的单位，填制会计凭证和登记会计账簿的有关要求，应当符合财政部关于会计电算化的有关规定。

第九十九条 各省、自治区、直辖市财政厅（局）、国务院各业务主管部门可以根据本规范的原则，结合本地区、本部门的具体情况，制定具体实施办法，报财政部备案。

第一百条 本规范由财政部负责解释、修改。

第一百零一条 本规范自公布之日起实施。1984年4月24日财政部发布的《会计人员工作规则》同时废止。

参考文献

[1] 企业会计准则编审委员会. 企业会计准则 2015 年版[M]. 上海：立信会计出版社，2015.

[2] 企业会计准则编审委员会. 企业会计准则案例讲解 2015 年版[M]. 上海：立信会计出版社，2015.

[3] 史玉光. 新会计准则下商品流通企业会计实务（第 5 版）[M]. 北京：电子工业出版社，2015.

[4] 贺志东. 企业会计准则操作实务（第 4 版）[M]. 北京：电子工业出版社，2015.

[5] 刘雪清. 企业会计模拟实训教程（综合实训）（第 5 版）[M]. 大连：东北财经大学出版社，2013.

[6] 会计专业技术资格考试研究中心. 2015 年全国会计专业技术资格考试辅导教材中级会计实务[M]. 北京：电子工业出版社，2015.

[7] 小企业会计准则编审委员会. 小企业会计准则讲解（2015 年版）[M]. 上海：立信会计出版社，2015.

举报电话：（010）88254396；（010）88258888

传　　真：（010）88254397

E-mail:　　dbqq@phei.com.cn

通信地址：北京市万寿路173信箱

　　　　　电子工业出版社总编办公室

邮　　编：100036